Alexandre LEGRAN

LES

VRAIS

SECRETS

DE LA

Magie

Noire

APPLICATIONS

—

André HAL, Libraire-Éditeur,

17, 17 bis et 19, Rue Laferrière,

PARIS

LA MAGIE NOIRE

—

APPENDICE

APPENDICE

———

LA

Magie Noire

LES RECETTES INFERNALES

ET LES ŒUVRES DÉMONIAQUES

—

Rituels, Grimoires & Clavicules

COMPRENANT

Tous les Secrets

du Grand et du Petit Albert

DU DRAGON ROUGE

ET DE LA

Poule Noire

Second Livre, contenant le Véritable

SANCTUM REGNUM, DE LA CLAVICULE

Ou la véritable manière

DE FAIRE LES PACTES

Avec les noms, puissance et talents de tous les grands esprits supérieurs, comme aussi la manière de lés faire paraître par la force de la grande Appellation du Chapitre des Pactes de la grande Clavicule, qui les force à obéir à quelque opération que l'on souhaite.

———

LE SANCTUM REGNUM

Ou la véritable manière de faire des

Pactes avec tel esprit que ce soit

sans qu'ils vous puissent faire

aucun tort

———

Le véritable *sanctum regnum* de la grande clavicule, autrement dit le *Pacta conventa dæmoniorum* dont on parle depuis si longtemps, est une chose fort nécessaire à expliquer ici pour l'intelligence de ceux qui, vou-

lant forcer les esprits, n'ont point la qualité
requise pour composer la verge foudroyante
et le cercle cabalistique. Ils ne peuvent, dis-je,
venir à bout de forcer aucun esprit de paraître,
s'ils n'exécutent de point en point tout ce qui
est décrit ci-après, touchant la manière de faire des pactes avec tels esprits que ce puisse
être ; soit pour avoir la jouissance des femmes et des filles, et en avoir telle faveur que
l'on souhaite ; soit pour découvrir les secrets
les plus cachés dans toutes les cours et les
cabinets du monde, soit pour faire travailler
un esprit pendant la nuit à son ouvrage : soit
pour faire tomber une grêle ou la tempête
partout où l'on souhaite ; soit pour vous rendre invisible, soit pour se faire transporter
partout où l'on veut, soit d'ouvrir toutes les
serrures, de voir tout ce qui se passe dans les
maisons, et d'apprendre tous les tours et finesses des bergers, soit pour acquérir la main
de gloire et pour connaître toutes les qualités
et les vertus des métaux et des minéraux, des
végétaux et de tous les animaux purs ou impurs ; et pour faire des choses si surprenantes,
qu'il n'y a aucun homme qui ne soit dans la
dernière surprise de voir que, par le moyen
de faire pacte avec quelques esprits, on puisse découvrir les plus grands secrets de la nature qui sont cachés aux yeux de tous les
autres hommes. C'est par le moyen de la
grande clavicule du grand roi Salomon que
l'on a découvert la véritable manière de
faire les pactes dont il s'est servi lui-même
pour réquérir tant de richesses, pour avoir
la jouissance de tant de femmes et pour

connaître les plus impénétrables secrets de la nature, par lesquels on peut faire toute sorte de bien et toute sorte de mal.

Enfin, nous commencerons par décrire les noms des principaux esprits avec leurs puissance et pouvoir, et ensuite nous expliquerons le *Pacta dæmoniorum*, ou la véritable manière de faire les pactes avec quels esprits que ce soit. Voici ci-contre les noms et signes des principaux esprits infernaux.

Leurs signes et caractères

LUGIFER
Empereur

BELZÉBUTH,
Prince.

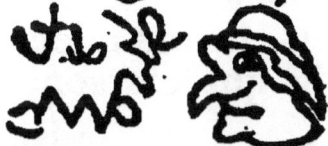

ASTAROTH,
Grand-Duc

Ensuite viennent les esprits supérieurs qui sont subordonnés aux trois nommés ci-devant.

Leurs signes et caractères

LUCIFUGÉ,
prem. Ministre.

SATANACHIA,
Grand général.

AGALIAREPT,
Grand général.

FLEURETTY,
Lieutenant gén.

SARGANATAS.
Brigadier.

NEBIROS,
mar. de camp.

Les six grands esprits que je viens de nommer ci-devant dirigent, par leur pouvoir, toute la puissance infernale qui est donnée aux autres esprits. Ils ont à leurs services dix-huit autres esprits qui leur sont subordonnés.

SAVOIR :

1 Baël	10 Bathim.
2 Agares.	11 Pursan.
3 Marbas.	12 Abigar.
4 Pruslas.	13 Loray
5 Aamon.	14 Valefar.
6 Barbatos.	15 Foraü.
7 Buer.	16 Ayperos.
8 Gusoyn.	17 Nuberus.
9 Botis.	18 Glasyabolas.

Après vous avoir indiqué les noms des dix-huit esprits ci-devant. qui sont inférieurs aux six premiers que j'ai décrits aussi ci-devant, il est bon de vous prévenir de ce qui suit.

SAVOIR :

Que LUCIFUGÉ commande sur les trois premiers, qui se nomment Baël, Agares et Marbas.

SATANACHIA sur Pruslas, Aamon Barbatos.
AGALIAREPT, sur Buer, Gusoyn et Botis.
FLEURETTY, sur Bathim, Pursan et Abigar.
SARGATANAS, sur Loray, Valofar et Foraü.
NEBIROS, sur Ayperos, Nuberus et Glasyabolas.

Et quoiqu'il y ait encore des millions d'esprits qui sont tous subordonnés à ceux nommés ci-devant, il est très inutile de les nommer à cause que l'on ne s'en sert que quand il plaît aux esprits de les faire travailler à leur place, parce qu'ils se servent de tous ces esprits supérieurs comme s'ils étaient leurs ouvriers ou leurs esclaves ; ainsi, en faisant le pacte avec un des six principaux dont vous avez besoin, il n'importe quel esprit qui vous serve ; néanmoins, demandez toujours à l'esprit avec lequel vous faites votre pacte, que ce soit un des trois principaux qui lui sont subordonnés qui vous serve

Voici précisément les puissances, sciences, arts et talents des Esprits susnommés, afin que celui qui veut faire un pacte puisse trouver dans chacun des talents des six esprits supérieurs ce dont il aura besoin :

Le premier est le grand LUCIFUGÉ ROFOCALE, premier ministre infernal ; il a la puissance que LUCIFER lui a donnée sur toutes les richesses et sur tous les trésors du monde Il a sous lui Baël, Agares et Marbas, et plusieurs autres milliers de démons ou d'esprits qui lui sont tous subordonnés.

Le second est le grand SATANACHIA, grand général ; il a la puissance de soumettre à lui toutes les femmes et toutes les filles, et d'en faire ce qu'il souhaite. Il commande la grande légion des esprits : il a sous lui Pruslas, Aamon et Barbatos, etc.

AGALIREPT, aussi général, a la puissance de découvrir les secrets les plus cachés dans toutes les cours et dans tous les cabinets du monde ; il dévoile aussi les plus grands mystères, il commande la seconde légion des esprits : il a sous lui Buer, Gusoyn et Botis, etc., etc.

FLEURETTY, lieutenant général, a la puissance de faire tel ouvrage que l'on souhaite pendant la nuit ; il fait tomber ausssi la grêle partout où il veut. Il commande un corps très considérable d'esprits : il a sous lui Bathim, Pursan et Abigar.

SARGATANAS, brigadier, a la puissance de vous rendre invisible, de vous transporter partout, d'ouvrir toutes les serrures, de vous faire voir tout ce qui se passe dans les maisons, de vous apprendre tous les tours et finesses des bergers ; il commande plusieurs brigades d'esprits. Il a sous lui Loray, Valefar et Foraü.

NEBIROS, maréchal de camp et inspecteur général, a la puissance de donner du mal à qui il veut ; il fait trouver la main de gloire il enseigne toutes les qualités des métaux, des minéraux, des végétaux et de tous les animaux purs et impurs ; c'est lui qui a aussi l'art de prédire l'avenir, étant un des plus grands nécromanciens de tous les esprits infernaux : il va partout ; il a inspection sur toutes les malices infernales, il a sous lui Ayperos, Nuberus et Glasyabolas, etc.

GRANDE APPELLATION

des Esprits avec lesquels l'on veut faire un pacte, tirée de la grande Clavicule.

Etant dans votre làboratoire (*) ou dans un endroit écarté (une ruine, par exemple, parce que l'esprit a le pouvoir d'y transporter tel trésor qu'il lui plaît), vous tracerez un triangle avec votre pierre ématille et cela seulement la première fois que vous ferez votre Pacte. — Ensuite vous placerez les deux cierges bénits (**) à côté et tels qu'ils sont placés vers le triangle des Pactes que vous voyez ci-après, y plaçant le S. N, de Jésus derrière, afin que les esprits ne vous puissent faire aucun mal ; ensuite vous vous

(*) Voir les Sortiléges de la Science (3ᵉ partie), *Laboratoire magique.*

(**) Même remarque.

placerez au milieu du dit triangle, ayant en main la baguette mystérieuse, avec la grande appellation à l'esprit, la clavicule, la demande que vous voulez faire à l'esprit, avec le pacte et le renvoi de l'esprit.

Grande Appellation

Empereur Lucifer, maître de tous les esprits rebelles, je te prie de m'être favorable dans l'appellation que je fais à ton grand ministre Lucifugé Rofocale, ayant envie de faire pacte avec lui ; je te prie aussi, prince Belzébuth, de me protéger dans mon entreprise. O comte Astaroth ! sois-moi propice, et fais que, dans cette nuit, le grand Lucifugé m'apparaisse sous une forme humaine, et sans aucune mauvaise odeur, et qu'il m'accorde, par le moyen du pacte que je vais lui présenter, toutes les richesses dont j'ai besoin. O grand *Lucifugé* ! je te prie de quitter ta demeure, dans quelle partie du monde qu'elle soit, pour venir me parler, sinon je t'y contraindrai par la force du grand Dieu vivant, de son cher Fils et du Saint-Esprit ; obéis promptement, ou tu vas être éternellement tourmenté par la force des puissantes paroles de la grande clavicule de Salomon, et dont il se servait pour obliger les esprits rebelles à recevoir son pacte : ainsi, parais au plus tôt ! ou je te vais continuellement, tourmenter par la force de ces puissantes paroles de la clavicule, « Agion, Telagram, vaycheon stimulamaton y ezpares retragrammaton oryoram irion esytion existion eryona onera brasim moyn messias soter Emanuel Saboot Adonay, te adoro et invoco. »

Vous êtes sûr que d'abord que vous aurez lu les puissantes paroles indiquées ci-dessus, que l'esprit paraîtra, et vous dira ce qui suit.

Apparition de l'esprit

Me voici ; que me demandes-tu ? pourquoi troubles-tu mon repos ? réponds-moi.

Lucifugé Rofocale

Demande à l'esprit

Je te demande pour faire pacte avec toi, et afin que tu m'enrichisses au plus tôt sinon je te tourmenterai par les puissantes paroles de la clavicule.

Réponse de l'esprit

Je ne puis t'accorder ta demande, qu'à condition que tu te donnes à moi dans vingt ans pour faire de ton corps et de ton âme ce qu'il me plaira.

LUCIFUGÉ ROFOCALE.

Alors, vous lui jetterez votre pacte, qui doit être écrit de votre propre main, sur un petit morceau de parchemin vierge, qui consiste à ce peu de mots ci-après, en y mettant votre signature avec votre véritable sang.

Voici le PACTE.

« Je promets au grand LUCIFUGÉ de le récompenser dans vingt ans de tous les trésors qu'il me donnera. En foi de quoi je me suis signé ».

Signature,

Je ne puis t'accorder ta demande.

LUCIFUGÉ ROFOCALE.

Alors, pour forcer l'esprit à vous obéir, vous relirez la grande appellation avec les terribles paroles de la clavicule, jusqu'à ce que l'esprit reparaisse et vous dise ce qui suit :

Seconde apparition de l'esprit

Pourquoi me tourmentes-tu davantage ? Si tu me laisses en repos, je te donnerai le plus prochain trésor, à condition que tu m'en consacres une pièce tous les premiers lundis de chaque mois et tu ne m'appelleras qu'un jour de chaque semaine, savoir : depuis les deux heures du soir jusqu'à deux heures après minuit. Ramasse ton pacte, je l'ai signé ; et si tu ne tiens pas ta parole, tu seras à moi dans vingt ans.

LUCIFUGÉ ROFOCALE.

Réponse à l'esprit

J'acquiesce à ta demande à condition que tu me feras paraître le plus prochain trésor, que je pourrai emporter tout de suite.

Signature,

Réponse de l'esprit

Suis-moi et prends le trésor que je vais te montrer.

Alors, vous suivez l'esprit par la route du trésor qui est indiquée au triangle des pactes, sans vous épouvanter. et jetterez votre pacte tout signé sur le trésor en le touchant avec votre baguette : vous en prendrez tant que vous pourrez, et vous vous en retournerez dans le triangle en marchant à reculons ; vous y poserez votre trésor devant vous et vous commencerez tout de suite à lire le renvoi de l'esprit, tel qu'il est marqué ci-après :

CONJURATION ET RENVOI DE L'ESPRIT AVEC LEQUEL ON FAIT UN PACTE

O grand Lucifugé ! je suis content de toi pour le présent, je te laisse en repos et te permets de te retirer ou bon te semblera, sans faire aucun bruit ni laisser aucune mauvaise odeur. Pense aussi à ton engagement de mon pacte, car si tu y manques d'un instant, tu peux être sûr que je te tourmenterai éternellement avec les grandes et puissantes paroles de la clavicule du grand roi Salomon, par lequel l'on force tous les esprits rebelles d'obéir.

PRIÈRE AU TOUT-PUISSANT EN FORME D'ACTION DE GRACES

Dieu Tout-Puissant, père céleste. qui as créé toutes choses pour le service et l'utilité des hommes, je te rends de très humbles actions de grâces de ce que, par ta grande bonté, tu as permis que. sans risque, je puisse faire pacté avec un de tes esprits rebelles, et le soumettre à me donner tout ce dont je pourrais avoir besoin. Je te remercie, ô Dieu Tout-Puissant, du bien dont tu m'as comblé pendant cette nuit : daigne accorder à moi, chétive créature. tes précieuses faveurs : c'est à présent, ô grand Dieu ! que j'ai connu toute la force et la puissance de tes grandes promesses lorsque tu nous a dit : « Cherchez, vous trouverez ; frappez et l'on vous ouvrira » et comme tu nous a ordonné et recommandé de soulager les pauvres, daigne, grand Dieu, m'inspirer de véritables sentiments de charité et fais que je puisse répandre sur une aussi sainte œuvre une grande partie des biens dont la grande divinité a bien voulu que je fusse comblé : fais, ô grand Dieu !

que je jouisse avec tranquillité de ces grandes richesses dont je suis possesseur ; et ne
permet pas qu'aucun esprit rebelle me nuise
dans la jouissance des précieux trésors dont
tu viens de permettre que je sois le maître.
Inspirez-moi, ô grand Dieu ! les sentiments
nécessaires pour pouvoir me dégager des
griffes du démon et de tous les esprits malins.
Je me mets. grand Dieu le Père, Dieu le
Fils et le Saint-Esprit, en votre sainte protec-
tion.

Amen.

———————

Oraison pour se garantir des mauvais esprits

O Père Tout Puissant ! O mère la plus ten-
dre des Mères ! O Exemplaire admirable des
sentiments et de la tendresse des mères ! O
Fils, la fleur de tous les Fils ! O forme de toutes les formes ! Ame. esprit, harmonie et
nombre de toutes choses, conservez-nous,'pro-
tégez-nous et soyez-nous propice. Amen.

CONJURATION des QUATRE

—

Caput mortuum, impéret tibi Dominus per vivum et devotum Serpentem — Cherub, imperet tibi Dominus per Adam Iotchavah ! — Aquila errons, imperet tibi Dominus per alas Tauri ! — Serpens, imporet tibi Dominus. — Tetragrammaion per Angleum et Leonem !

Michaël, Gabriel, Raphael. Anael.
Fluat udor par spiritum Eloïm.
Maneat Terra per Adam Iotchavah.
Fiat Firmameutum per Iahuvehu-Zebaoth.
Fiat Judicium per ignem in virtute Michael.

Ange aux yeux morts, obéis ou écoule toi avec cette eau sainte.

Taureau ailé, travaille ou retourne à la terre si tu ne veux pas que je t'aiguillonne avec cette épée.

Aigle enchaîné, obéis à ce signe, ou retire-toi devant ce souffle.

Serpent mouvant, rampe à mes pieds ou sois tourmenté par le feu sacré, et évapore-toi avec les parfums que j'y brûle.

Que l'eau retourne à l'eau ; que le feu brûle ; que l'air circule ; que la terre tombe sur la terre par la vertu du Pentagramme, qui est l'étoile du matin, et au nom du Tétragramme qui est écrit au centre de la croix de lumière. Amen.

CONJURATION des SEPT

—

Au nom de Michaël, que Jeovah te commande et t'éloigne d'ici, Chavajoth !

Au nom de Gabriel, qu'Adonaï te commande et t'éloigne d'ici, Bélial !

Au nom de Raphaël, disparais devant Elchim, Sachabiel.

Par Samuel Zebaoth et au nom d'Eloïm-Gibor, éloigne-toi, Adraméleck !

Par Zachariel et Sachiel-Mélech, obéis à Elva, Samgabiel !

Au nom divin et humain de Schaddaï, et par le Signe du Pantagramme que je tiens dans ma main droite, au nom de l'ange Anael, par la puissance d'Adam et d'Hèves, qui sont Iotchavah, retire-toi, Silith ; laisse-nous en paix, Nahéma ! Par les saints Eloïm et des génies Cashiel, Schaltiel, Aphiel, Zarahiel, au commandement d'Orifiel, détourne-toi de rous, Moloch ! nous ne te donnerons pas nos enfants à dévorer.

PRATIQUES OCCULTES

ET

Secrets Merveilleux

—

Nous avons recueilli dans les grimoi-res un certain nombre de Recettes curieuses, dont l'efficacité est attestée par de nombreux et anciens témoigna-ges. — Nous les donnons, ci-dessous, dans une Liste alphabétique, et nous sommes à la disposition de nos Lecteurs pour leur faire parvenir ces divers ingré-dients, soigneusement préparés, en ob-servant scrupuleusement toutes les pres-criptions rituelles.

LISTE ALPHABÉTIQUE

Agathe. L'agathe, consacrée à Mercure, écarte les périls et conseille la générosité.

Aigle. Ceux qui mangent de la cervelle d'aigle, écrasée dans du jus de cigüe, se battent sans qu'on puisse les séparer. L'aigle est consacré à Jupiter,

Aimant (Pierre d'). Un homme veut-il savoir si sa femme est fidèle, il n'a qu'à placer une pierre d'aimant sous son oreiller ; si elle est sage, elle le caressera ; si elle le trompe, elle sautera à bas du lit.

Si l'on veut faire quitter une maison par ceux qui l'habitent, il n'y a qu'à la mettre en poudre sur des charbons placés aux quatre coins de la demeure ; tous les habitants sortent en hâte, même ceux qui sont couchés. — La pierre d'aimant est consacrée à Saturne.

Alun. Si l'on frotte du drap avec la glaire d'un œuf mélée avec de l'*alun* et après l'avoir lavé avec de l'eau salée on fasse sécher, il empêche le feu de brûler (BÉLINUS).

Si l'on prend de l'*arsenic rouge* avec de l'*alun*, qu'on les broie ensemble et les mêle avec du suc de *joubarbe* et de la gomme qui sort du laurier, l'homme qui s'en sera frotté les mains pourra manier et prendre un fer chaud sans être brûlé.

Amétysthe. L'Amétysthe garantit de l'ivrognerie et ouvre l'esprit aux sciences ; elle est consacrée à Mars.

Anguilles. Si on met plusieurs anguilles dans un pot de vin et qu'on les y laisse mourir, celui qui en boira haïra le vin pendant un an et n'en boira peut-être pas pendant sa vie.

Avenir. Prenez du sang caillé d'*un âne* avec de la graisse et la poitrine d'un *loup cervier*, autant de l'un que de l'autre, faites-en des grains avec lesquels vous parfumerez la maison, ensuite on verra quelqu'un pendant le sommeil qui dira tout ce qui doit arriver.

Béryl. Porté sur vous, il vous fait gagner vos procès ; il fait avancer les enfants dans leurs études. Il est consacré à Jupiter.

Bouc Si on plonge du verre dans un mélange bouillant de vinaigre et de sang de bouc tout frais, le verre devient mou comme du beurre. Si on se frotte de cette mixture, on a des hallucinations effrayantes. Si on la jette au feu en présence d'une personne sujette à l'épilepsie, cette personne a un accès qui devient mortel si on lui présente une pierre d'aimant ; au contraire, elle se guérit, si on lui fait boire quelques gouttes de sang d'anguille dans un peu d'eau.
Le bouc est consacré à Vénus.

Calcédoine. Portée au cou, elle chasse les illusions ; elle est consacrée à Saturne.

Cheveux. Pour faire croître les cheveux, brûlez des abeilles, mêlez leur cendre avec de la fiente de souris et faites infuser ce mélange dans l'huile rosat ; ajoutez-y de la cendre de châtaignes ou de fèves brûlées et le poil naîtra sur toute partie du corps que vous oindrez de cette huile.

Chrysolithe. Montée en or, elle garantit de la peur, protège contre les fantômes et donne une conduite sage, sans écarts, sans ardeurs sensuelles. Sous la langue d'un fiévreux, cette pierre calme la soif. Elle est consacrée au Soleil.

Coq. L'empêcher de chanter : oindre d'huile la tête et la crète.

L'empêcher de s'accoupler : oindre son cul d'huile.

Corail. Il garantit contre les dangers dont on est exposé sur l'eau (en écartant naufrages, tempêtes et tous accidents) ; il donne le jugement et la prudence. Il est consacré à la Lune.

Cristal de roche (ou quartz). Exposé au soleil, il enflamme les objets combustibles dont on l'approche ; une nourrice qui boute du miel, ou en aura mis un morceau, voit son lait augmenter. Il est consacré à la Lune.

Diable. Pour faire voir le diable à une personne en dormant, prenez du sang d'une *huppe* et qu'on lui en frotte le visage. Elle s'imaginera que tous les diables sont autour d'elle.

Diamant. Le diamant donne la victoire sur les ennemis, fait fuir les bêtes dangereuses, fait terminer avantageusement les conflits et empêche les farces et les mauvais desseins d'aboutir, surtout si on le porte à gauche ; c'est un antidote. Il est consacré à Mars.

Dompter les animaux. Frotter le front de la bête qu'on veut faire venir d'elle-même dans son étable avec un ail de squille.

Si l'on broie de la cire sur les cornes d'un veau on le mènera partout où l'on voudra sans peine (ARISTOTE).

Ellébore. Son suc guérit les douleurs de jambes, de reins et de vessie ; sa racine exorcise les maisons hantées. La racine, un peu cuite et gardée dans un morceau de toile blanche, chasse les idées noires et les obsessions. Elle est consacrée à Saturne.

Emeraude. Elle donne la science, la mémoire et la connaissance de l'avenir et fait acquérir la fortune ; mise sous la langue, elle donne la faculté d'annoncer les évènements futurs, parce qu'elle inspire des intuitions et des pressentiments justes. Elle est consacrée à Mercure.

Escarboucle. L'escarboucle, consacrée au Soleil, brille dans l'obscurité.

Euphorbe. L'euphorbe apaise les maux de tête et d'estomac, ceux des parties. Elle guérit les plaies ulcéreuses, les hémorroïdes, la diarrhée. Elle est consacrée à Mars.

Femme. Il est écrit dans le livre de Cléopâtre qu'une *femme* qui n'est pas contente de son mari comme elle le souhaiterait n'a qu'à prendre la moelle du pied gauche d'un *loup* et la porter sur elle, il est certain qu'elle sera satisfaite et qu'elle sera la seule qu'il aimera.

Pour faire avouer à une femme ce qu'elle a fait, on prendra une grenouille d'eau en vie, on lui arrachera la langue et ensuite on la remettra dans l'eau, et on appliquera cette langue sur le cœur de la femme lorsqu'elle dormira ; elle répondra à toutes les demandes qu'on lui fera.

Grenouille. Une langue de grenouille mise sous l'oreiller fait parler pendant le sommeil. La grenouille est consacrée à la Lune.

Gui de chêne. Joint au slypium ouvre les

serrures, Pendu à un arbre avec aile d'hirondelle fait assembler tous les oiseaux.

Guimauve (Voy. Matrice, Urines). La graine de guimauve pulvérisée et pétrie en forme d'onguent, dont on se frotte légèrement le visage et les mains, préserve de la piqûre des guêpes, des abeilles, etc.

Héliotrope (fleur). Elle est consacrée au Soleil et doit être cueiltie en juillet et août, quand le Soleil est dans le signe du Lion. Si on la porte sur soi, enfermée avec une dent de loup, dans une feuille de laurier, on n'a rien à craindre de la médisance. Si on la place dans une église, les femmes qui ont trompé leur mari ne peuvent pas sortir tant qu'elle y est. Si vous la mettez sous votre oreiller, elle vous fait connaître ceux qui ont projeté de vous dérober quelque chose.

Pierre Héliotrope (ou pierre précieuse de Babylone, qui servait jadis à expliquer les oracles). Si on la frotte avec l'herbe du même nom, on voit à travers elle le soleil rouge comme du sang. Elle lui est d'ailleurs consacrée.

Herbes magiques. Ne les cueillir que du 23 au 29e jour de la lune.

Nommer l'usage qu'on en veut faire en arrachant l'herbe de terre. Ensuite la mettre sous du froment ou de l'orge jusqu'au moment de s'en servir. Les principales :

Héliotrope. — Jusquiame — Nepte. — Orties — Verge de Pasteur. — Chélidoine. — Pervenche. — Langue de chien. — Lis. — Gui de chêne. — Centaurée. — Sauge. — Verveine. — Mélisse. — Serpentine.

Hibou. Une femme trahit tous ses secrets en dormant si on lui place le cœur d'un hibou sur le côté gauche de la poitrine. Le Hibou est consacré à la Lune.

Huppe. Si on porte la tête d'une huppe dans un petit sac, on ne sera pas trompé par ceux avec qui on fera affaire ; si on en porte les yeux sur soi, on engraisse, et si on les met dans une poche placée sur l'estomac, on fait la paix avec ses ennemis. La Huppe est consacrée à Saturne.

Hyacinthe. Cette pierre garantit du tonnerre et de la peste.

Jaspe. La jaspe arrête les hémorrhagies.

Jusquiame. La racine de jusquiame guérit les ulcères ; en en portant sur soi, on les prévient ; pilée, elle calme la goutte, surtout si l'on est dans le mois d'un signe ayant des pieds ou dominant sur des pieds. Son suc, bu dans une liqueur sucrée, guérit les maladies de foie (parce que cette plante est consacrée à Jupiter), il fait rompre une tasse d'argent dans laquelle on le met.

Mêlé avec le sang d'un jeune lièvre et mise dans sa peau il fait assembler tous *les lièvres* à l'endroit où on l'a mise.

Lampe. Si on veut que tout ce qui est dans un palais paraisse noir, on aura soin de tremper la mèche de la *lampe* ou de la chandelle qu'on doit allumer dans de l'écume de mer bien battue.

Pour faire que tous ceux qui sont dans une chambre paraissent n'avoir point de tête, on versera dans une lampe du soufre jaune mêlé avec l'huile, ensuite, après l'avoir éclairée, on la mettra au milieu de l'assemblée.

Si on fait une mèche avec le drap d'un mort ou du drap noir et qu'on l'allume dans le milieu d'une chambre, on verra des choses merveilleuses.

Prenez une *grenouille* verte et coupez-lui la tête sur un drap mortuaire, trempez-le dans l'huile de sureau, faites-en une mèche que vous allumerez dans une lampe verte, et on verra un homme noir qui tiendra une lampe à la main avec plusieurs autres choses curieuses.

Si on veut faire paraître une chambre pleine de *serpents*, prenez de la graisse d'un serpent et mêlez-la avec un peu de sel, ensuite prenez un morceau de drap mortuaire que vous couperez en quatre, dans chacun desquels vous mettrez de cette graisse, dont vous ferez quatre mèches que l'on allumera aux quatre coins de la chambre, avec de *l'huile de sureau* dans une lampe neuve, et on verra l'effet qu'on a dit.

Langue de chien. Mise à un endroit avec le cœur et la matrice d'une grenouille fait assembler *les chiens*.

Portée au gros doigt de pied empêche chien d'aboyer. Mise au cou d'un chien le fait tourner jusqu'à la mort.

Lapis-lazuli. Portée sur soi, elle guérit l'hypocondrie et la fièvre. Elle est consacrée à Vénus.

Lion. Pour faire fuir tous ses ennemis, hommes ou bêtes, il faut porter une ceinture taillée dans la peau d'un lion, ou avoir les yeux d'un lion sous l'aisselle. L'urine d'un lion, absorbée trois jours de suite, guérit la fièvre. Le lion est consacré au Soleil.

Lis blanc. Le lis blanc guérit les maux de reins, d'yeux, d'estomac . le suc facilite la digestion et guérit les écrouelles. Son action sur la vue vient de ce que cette fleur est consacrée à Vénus. On la cueille en juillet.

Loup Pour empêcher les loups d'entrer dans un village, il faut enterrer. à l'entrée la queue d'un loup ; pour les écarter des étables. il faut en pendre une à la porte. Le loup est consacré à Mars.

Mélisse. Portée sur soi rend agréable.

Attachée au cou d'un bœuf lui fait suivre l'opérateur.

Nuit. Si on se frotte la face avec du sang de chauve-souris on verra et on lira aussi bien la nuit que le jour.

Oiseaux. Si on veut *prendre des oiseaux à la main* on prendra de quelque graine que ce soit et on la fera bien tremper dans la lie de vin et du suc de ciguë, ensuite on la jettera à terre. tous les oiseaux qui en mangeront ne pourront pas voler.

Si on veut *entendre le chant des oiseaux,* qu'on prenne avec soi deux de ses amis et qu'on aille avec dans une forêt le 5 des calendes de novembre, en mettant les *chiens* comme si on voulait chasser : on apportera à la maison la première bête que l'on prendra, que l'on mangera avec le cœur d'un *renard* ; aussitôt on entendra le chant des oiseaux, et si on souhaite que ceux qui seront présents l'entendent aussi, on n'aura qu'à les baiser.

Ortie tenue dans la main avec *mille-feuille* empêche la peur des fantômes (la cueillir du 19 juillet au 23 août.

Son suc mêlé au jus de *serpentine*, on s'en frotte les mains et on jette le reste dans l'eau. On prend alors avec la main les poissons qui s'y trouvent.

Pervenche. Réduite en poudre avec des vers de terre donne *l'amour* à ceux qui mangent de cette poudre dans leur viande.

LA POULE NOIRE

Prenez une Poule Noire qui n'ait jamais pondu et qu'aucun coq n'ait approché : faites en sorte. en la prenant, de ne la point faire crier et pour cela, vous irez à onze du soir, lorsqu'elle dormira, la prendre par le cou, que vous ne serrez qu'autant qu'il le faudra, pour l'empêcher de crier ; rendez-vous sur un chemin dans l'endroit où deux chemins se croisent ; là, à minuit sonnant, faites un rond avec une baguette de cyprès, mettez-vous au milieu et fendez le corps de la poule en deux, en prononçant ces mots par trois fois : Eloïm, Essaïm, frugativi et appellavi. Tournez ensuite la face vers l'Orient, agenouillez-vous et dites une oraison ; cela fait, vous ferez la grande appellation ; alors l'esprit immonde vous apparaîtra vêtu d'un habit écarlate galonné, d'une veste jaune et d'une culotte vert d'eau. Sa tête qui ressemblera à celle d'un chien à oreilles d'âne, sera surmontée de deux cornes ; ses jambes et ses pieds seront comme ceux d'une vache. Il vous demandera vos ordres ; vous les lui donnerez comme vous le jugerez bon, car il ne pourra plus se refuser à vous obéir, et vous pourrez vous rendre le plus riche et, par conséquent, le plus heureux de tous les hommes.

Puces. Pour chasser les puces d'une chambre arrosez-la avec de la décoction de *rhue*, de l'urine de jument, et il n'en restera point (Pline).

Punaises. Pour faire mourir toutes les punaises qui sont dans un lit, prenez un *concombre* en forme de serpent, faites-le confire et tremper dans de l'eau, ensuite frottez-en votre lit.

Ou bien prenez le fiel d'un bœuf mêlé et détrempé dans du vinaigre, frottez-en le lit et on verra qu'à l'avenir il n'y aura plus de punaises

Pour prendre les *Punaises* en vie, sans les toucher, en allant se coucher, on mettra sous son chevet de la *grande consoude*, toutes les punaises s'assembleront dessus et n'iront pas ailleurs ; on en a fait l'expérience plusieurs fois.

Quintefeuille. Quand on la porte sur soi, elle fait réussir dans les entreprises ; son suc calme les maux de dents et d'estomac ; sa racine guérit les dartres et les écorchures, quand on l'emploie en emplâtre ; ce dernier traitement combiné avec l'absorption du suc dans l'eau, guérit les écrouelles. Elle est consacrée à Mercure,

Rats. On chasse les *rats* d'une maison, si on la parfume avec la corne (du pied) de cheval ou de mulet.

Renouée. La Renouée guérit les maux de cœur et d'estomac, active la respiration et le cours du sang. La racine donne des forces pour faire l'amour et guérit les ophtalmies ; le suc porte à l'amour. Elle est consacrée au Soleil.

Rêves érotiques (s'en délivrer). Appliquer sur l'estomac lame de plomb en forme de croix.

Saphir. Le saphir fait régner la paix intérieure et la concorde avec autrui ; il donne la dévotion et éteint les passions, Il régénère l'homme, guérit les anthrax et les morsures de serpent. Le saphir est consacré à Jupiter.

Stérilité. Pour qu'une femme reste stérile :

Enchâsser les dents des jeunes enfants, quand elles tombent, dans de l'argent et les pendre au cou de la femme.

Boire chaque mois un verre de l'urine d'une mule.

Se pendre au cou le doigt d'un fœtus mort.

Taches de rousseur. Fiel de vache mêlé avec des coquilles d'œufs de poule que l'on fait dissoudre dans du vinaigre (appliquer sur la peau).

Taupe. Prenez un pied de taupe et plier-le dans une feuille de laurier : si vous le posez dans un nid, les œufs ne pourront éclore · si vous l'introduisez dans la bouche d un cheval, celui-ci s'enfuira.

Pour prendre une taupe on mettra dans son trou un oignon, un poireau et des aulx, et peu de temps après elle sortira sans forces.

Pour chasser les taupes d'un champ, il n'y a qu'à y placer une taupe saupoudrée de soufre auquel on met le feu.

Un cheval noir devient blanc si on le lave avec une eau dans laquelle on aura fait bouillir une taupe. La taupe est consacrée à Saturne.

Tourterelle. Le cœur d'une tourterelle, porté sur soi, à l'intérieur d'une peau de loup, est un anti-aphrodisiaque. Les cendres d'un cœur de tourterelle, mises sur des œufs, les empêchent d'éclore. Si on prend de l'eau dans laquelle a bouilli une taupe · et qu'on y verse du sang de tourterelle, et qu'on frotte avec ce mélange une surface pourvue de poils ou le corps d'un cheval, on voit tomber tous les poils noirs. Un arbre auquel on accroche des pieds de tourterelle ne produit plus de fruits. La tourterelle est consacrée à Vénus.

Turquoise. La turquoise protège des chûtes de cheval.

Veau marin. Un mélange fait d'eau, de sang de veau marin et de morceaux de cœur de cet animal, attire tous les poissons au même endroit ; si on le met sous l'aisselle, on acquiert un jugement merveilleux : et un criminel qui accomplirait cette pratique, serait assuré de trouver de l'indulgence. Le veau marin est consacré à Vénus.

Verveine. Employée en emplâtre, la verveine guérit les écrouelles, l'incontinence d'urine, les plaies, les hémorroïdes. Portée sur soi, à l'exclusion de toute autre herbe, elle augmente la vigueur amoureuse.

Bue en infusion, elle facilite la respiration et purifie l'haleine.

Dans une maison, une terre, une vigne, elle augmente la production et le revenu.

Elle est consacrée à Vénus et doit se cueillir en mars, quand le Soleil est dans le Bélier.

Secrets de l'Art Magique

DU GRAND ET DU PETIT ALBERT

—

GRIMOIRE

—

COMPOSITION DE MORT, OU·LA PIERRE

PHILOSOPHALE

Prenez un pot de terre neuf, mettez-y une livre de cuivre, avec une demi chopine d'eau-forte que vous ferez bouillir pendant une demi-heure : après quoi vous y mettez trois onces de vert-de-gris que vous ferez bouillir une heure ; puis vous mettrez deux onces et demie d'arsenic, que vous ferez bouillir une heure ; vous y mettrez trois onces d'écorce de chêne bien pulvérisée, que vous laisserez bouillir une demi heure, une potée d'eau rose bouillie douze minutes, trois onces de noir de fumée que vous laisserez bouillir jusqu'à ce que la composition soit bonne ; pour voir si elle est assez cuite, il faut y tremper un clou ! si elle y prend, ôtez-la, elle vous produira une livre et demie de bon or ; et si elle n'y prend point, c'est une preuve qu'elle n'est pas assez cuite.

Miroir Magique

Ce miroir est à double glace, plane d'un côté et grossissante de l'autre. Ces deux glaces s'appellent respectivement petit côté et grand côté du miroir. Le miroir magique est employé dans certaines opérations de contre-charme, pour connaître le maléficiant: On s'y regarde, tantôt d'un côté, tantôt de l'autre, en prononçant les paroles indiquées, et, à un moment donné, la propre figure disparaît et se trouve remplacée par celle du maléficiant qui passe et repasse plus ou moins souvent.

Le miro r magique possède, de plus, certaines vertus naturelles, entr'autres celle de guérir les douleurs sourdes et rhumatismales en général. Pour cela on touche la partie du corps correspondant à la douleur tantôt d un côté du miroir tantôt de l'autre, sans regarder de quel côté l'on commence, en vouant chaque fois le malade à trois saints, disant, par exemple: «*St Joseph. St Jean. St Jacques*, je vous supplie de guérir N. » Répéter trois fois, puis dire trois *pater* et trois *ave* en faisant, avant et après le signe de la croix. Recommandez au malade de frotter le mal avec les doigts humectés de salive, une fois par jour durant trois jours, et dire ensuite, chaque fois, trois *pater* et trois *ave*, comme ci-dessus.

Ce miroir ne doit servir à aucun usage profane.

Pour détruire un sort

et voir passer les maléficiants

dans le miroir magique

Acheter un pot de terre neuf et sa couverture, du camphre, un paquet d'aiguilles, — un cœur de veau (à la rigueur on pourrait se servir d'un cœur de femelle), le tout sans marchander.

Bien barrer la porte où l'on opère.

Mettre le cœur sur une assiette bien propre et y piquer séparément les aiguilles en répétant à chacune d'elles les paroles suivantes :

« Contre un tel ou une telle (si on connaissait la personne ou quand on la connaîtra on dira son nom), une fois vassis atatlos vesul et cremus, verbo sans kergo bibolia herbonos; deux fois vassis atatlos, etc , ; trois fois vassis, etc.

L'opération terminée, mettre le cœur dans le pot au feu à 11 heure 1/2 juste et l'y laisser bouillir jusqu'à une heure après minuit, au moins. Le lendemain on enfouit le pot dans la terre dans un endroit non cultivé.

Pour voir le maléficiant, en faisant bouillir le pot, depuis le commencement jusqu'à la fin, et de cinq en cinq minutes environ, répéter les paroles ci-dessus en regardant dans le miroir, tantôt d'un côté, tantôt de l'autre : il est rare qu'on ne le voie pas passer plus ou moins souvent.

Nota. — Prendre bien soin de ne pas sortir et que personne de la maison ne sorte pendant que dure l'opération.

Il faut faire une neuvaine, c'est-à-dire que pendant neuf autre jours, à 11 heures 1/2 soit du soir, soit du matin, on répète les paroles ci-dessus.

Pour lever tout Sort
et Faire revenir la personne qui a causé
le mal

Prenez le cœur d'un animal complètement mort en ayant soin de n'y faire aucune blessure et mettez-le sur une assiette bien propre ; puis ayez neuf piquants d'aubépine et procédez comme il suit :

Percez dans le cœur un de vos piquants, disant : « Adibaga, Sabaoth, Adonay, contra ratout prisons pererunt fini unixio paracle gossum. »

Prenez deux de vos piquants et enfoncez les, disant : « Qui fussum mediator agras gaviol valax. »

Prenez en deux autres et, en les perçant, dites : « Landa a zazar valoi sator xio paracle gossum. »

Prenez deux autres de vos piquants et en les perçant prononcez : « Avir sunt (devant vous) paracletur stator verbonum offisum filando. » Puis continuez disant :

« J'appelle ceux ou celles qui ont fait fabriquer le Missel Abel ; partout à nous venir trouver, par mer ou par terre, tout partout, sans délai et sans dédit »

Percez le cœur d'un clou à ces dernières paroles. Notez bien que si on ne peut avoir des piquants d'aubépine on aura recours à des

clous neufs. — Le cœur étant percé comme
nous l'avons indiqué, on le met dans un petit
sac, puis on le pend à la cheminée, assez haut
pour qu'il ne soit pas vu. Le lendemain vous
retirerez le cœur du sac et le mettrez sur une
assiette Retirant alors la première épine, vous
la percerez dans un autre endroit du cœur en
prononçant les paroles qui lui sont destinées
ci-dessus ; vous en relevez deux autres et les
reperçant vous dites les paroles convenables :
enfin vous les relevez toutes dans le même
ordre pour les repercer comme nous avons dit,
observant de ne jamais les enfoncer dans les
mêmes trous. On continue ce travail pendant
neuf jours

Après avoir finalement percé le clou dans le
cœur en prononçant les paroles sus-dites, on
fait un grand feu ; on met ensuite le cœur sur
un gril et on le fait rôtir sur la braise ardente.
Il faut que le maléficiant vienne demander
grâce. S'il est hors de son pouvoir de venir
dans le peu de temps que vous lui accordez,
vous le ferez m. Notez bien que vous devez
éviter soit en barrant la porte, ou par tout
autre moyen, que le maléficiant ne s'approche
de votre gril.

POUR ROMPRE ET DÉTRUIRE TOUT MALÉFICE
CÉLÉBRE CONTRE LES ANIMAUX

Prenez une tasse de sel, plus ou moins, se-
lon la quantité d'animaux maléficiés et prononcez dessus ce qui suit :

« Hergo gomet hunc gueridans sesserant
deliberant amci.

Faites ensuite trois tours autour des animaux
commençant du côté du soleil levant et continuant suivant le cours de cet astre, les animaux devant vous, et, en faisant vos jets sur
iceux par pincées, récitez les mêmes paroles.

Du Talisman

SA CONFECTION SES VERTUS

La veille de la Saint-Jean, entre une heure
et deux heures du matin, on se rend là où il y
a de la pervenche sauvage ou petite pervenche.
On peut en avoir dans son jardin, ou dans des
pots à fleurs, en notant que dans ces derniers
cas les pots doivent être placés de façon que
l'on soit obligé de sortir de chez soi pour se
rendre auprès d'eux. On cueille la plante sans
rien dire et on l'emporte dans sa maison, en
prenant bien garde de ne pas regarder derrière soi, quand même on entendrait des bruits
de pas derrière ses talons ; aucun mal, du
reste, ne peut survenir à l'opérateur pendant
ce trajet tous les animaux fuyant à son approche. On la conserve pour s'en servir aux
fins ci-après :

*
* *

Prenez autant que possible la première branche qui vous tombera sous les yeux lorsque
vous ouvrirez la boîte renfermant la cueillette
ci-dessus ; ôtez-en la tête et mettez celle-ci
dans un petit morceau de papier blanc, puis
compléter le nombre de feuilles en ajoutant ce
qu'il faut, de la même branche pour en avoir
neuf ; ensuite ajoutez-y gros comme un poids

de camphre et pliez. Dès que le papier sera plié en deux, que vous ne verrez plus, par conséquent, le contenu, dites, en continuant à plier ce papier :

1º Si vous voulez vous servir du paquet comme talisman : « Pour N..., (nommez la personne), demeurant à.. , que nous voulons préserver de tous maléfices, pour N... une fois vassis atatlos, vesul et cremus, verbos san hergo dibolia herbonos, deux fois vassis, atatlos, etc., trois fois vassis, etc. » Repéter trois fois.

2º Si vous voulez l'employer pour rompre et détruire un maléfice : « Pour N... demeurant à..: que nous voulons guérir d'un mauvais sort s'il (ou si elle) en a, et contre un tel ou une telle. une fois vassis atatlos vesul et cremus, verbo san hergo dibolia herbonos, deux fois vassis, etc., trois vassis, etc. » Répéter trois fois,

En faisant le paquet tenez le papier constamment appuyé sur le petit côté du miroir quand il est fait, faites-le toucher au grand côté et donnez-le à la personne N...

1º Si celle-ci s'en sert comme talisman, elle le prend de la main droite, fait le signe de la croix et le porte comme un scapulaire enveloppé dans un linge. Sa vertu dure un an ; au bout de ce temps le jeter au feu ;

2º Si c'est pour se guérir. elle le prend également de la main droite, fait le signe de la croix et l'attache à sa chemise de façon qu'il soit en contact avec la peau à l'endroit du mal. Le garder trois jours, ou cinq si l'on veut forcer. Au bout de ce temps, prendre (le malade ou l'opérateur) le paquet, faire le signe de la croix, le mettre dans le feu, le couvrir de charbons, et sortir aussitôt ; en mettant le pied dehors dire : « Que Dieu nous garde. »

Le paquet et les paroles servent à plusieurs fins.

Notez bien que l'opérateur peut faire le paquet chez lui, le mettre dans sa poche et le porter au maléficié.

— Talismans et Amulettes —

Pour la joie, la beauté et la force du corps. — Gravez l'image de Vénus, qui est une dame tenant en main des pommes et des fleurs, ou la première face de la Balance, des Poissons ou du Taureau.

Pour guérir la goutte. — Gravez la figure des Poissons, l'un ayant la tête en haut, l'autre en bas, sur or, sur argent ou sur or mêlé d'argent, quand le Soleil est aux poissons.(*)

Pour avoir l'esprit plus subtil et la mémoire meilleure. — Gravez l'image de Mercure, en la première face des Jumeaux ou de la Vierge sur ces mêmes métaux.

*
* *

SALOMON, dans les Sceaux des pierreries, dit que :

(*) Voir Sortilèges de la Science (2ᵉ partie), *Astrologie*.

la figure d'un guerrier, foulant aux pieds un serpent, gravée sur du japse vert et enchâssée dans l'airain, rend victorieux et invincible celui qui la porte au cou ;

la figure du Scorpion et du Sagittaire se combattant, gravée sur une pierre et enchassée dans un anneau de fer, cause les divisions parmi ceux qui en sont touchés ;

la figure du Bélier avec la moitié du Taureau, gravée sur une pierre et enchassée dans l'argent, apporte la paix et la concorde ;

la figure du Verseau, gravée sur une turquoise fait gagner aux marchands tout ce qu'ils veulent ;

la figure de Mars, gravée sur une pierre, rend l'homme belliqueux ;

la figure de Jupiter le rend aimable, grâcieux et lui fait atteindre le but de ses désirs ;

la figure du Capricorne, gravée sur une pierre et enchâssée dans un anneau d'argent, rend l'homme invulnérable en ses biens et en sa personne.

Le meilleur jour pour fabriquer les *Talismans de Jeu* est le mercredi le plus proche du **21** août.

Les *Talismans d'Amour* se font le **26** avril, le **15** août et le **12** septembre.

A cette dernière époque, on peut faire un talisman très efficace : On choisit l'heure de Vénus(*) et le jour de Vénus(*) le plus rapproché

(*) Se reporter à la 2ᵉ partie des Sortilèges de la **Science** (*Astrologie kabbalistique*).

du **12** et l'on grave des caractères(*) de Vénus sur une plaque de cuivre rouge, préparée sous les mêmes influence ; on en fait une médaille qu'on a soin de se suspendre au cou, chaque jour avant le lever du soleil, au moyen d'un cordon où l'on aura enroulé un morceau de laine pris aux bas de la femme qu'on convoite ; on va alors devant la porte de cette personne et on prononce douze fois de suite le mot : Amapoylfac ; on recommence ainsi chaque matin pendant tout le mois d'octobre ; le **1**er novembre la femme vient d'elle-même, prête à se donner.

Les talismans de guerre se font en octobre aux jours et heures de Mars(*); le **22** octobre est un jour très favorable à leur préparation.

Un talisman en forme de pantacle(*).destiné à porter chance dans les travaux champêtres, se fabrique pendant la nouvelle lune de décembre, aux jour(*) et heure(*) de Saturne.

Un talisman portant gravé sur acier les caractères de Jupiter est fait en février aux jour(*) et heure.*) de Mars.

(*) Voir la 2e partie des Sortilèges de la Science (*Astro-logie kabbalistique*).

Pour rompre et détruire un Sort

au moyen du Coq noir

Prenez un coq noir, fourrez-lui trois gouttes d'eau bénite(*) dans le bec, tuez-le et pendez-le par les pattes dans un grenier où vous le laisserez 3 jours francs. Ce temps écoulé prenez-le par les pattes et enterrez-le dans le fumier chaud d'un toit à brebis en ayant bien soin que personne ne puisse aller le retirer. Le maléficiant tombera malade et mourra de langueur au bout de six mois ou un an.

En faisant les opérations ci-dessus, prononcez les paroles que nous avons déjà fait connaître : « Contre un tel ou une telle, une fois vassis. etc. »

Pour enclouer et faire souffrir

une Personne

Dans un cimetière, ramassez ou faites ramasser un clou de vieux cercueil. Le prenant dans la main gauche, vous direz : « Clou je te prends afin que tu me serves à détourner et faire mal à toute personnne que je voudrai ; au nom du Père, et du Fils et du Saint-Esprit. Amen. »

Quand vous voudrez vous en servir, tracez la figure ci-après sur un morceau de parchemin vierge, avec du charbon de sanguine

(*) Le rituel pour la Lénédiction de l'eau est donné dans la 3ᵉ partie des Sortilèges de la Science.

et fichez le clou au milieu du triangle en disant : *Pater noster* jusqu'à *in terra*. Frappez

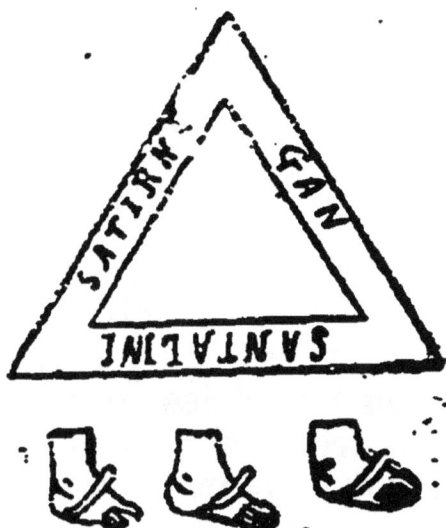

ensuite sur le clou avec une pierre en disant :
« Que tu fasses mal à N, jusqu'à ce que je te
tire de là. » Recouvrez l'endroit avec un peu
de poudre, et souvenez-vous bien de l'endroit,
car on ne peut guérir le mal que cela cause
qu'en tirant le clou et disant : « Je te retire
afin que le mal cesse que tu as causé à N, au
nom du Père, et du Fils, et du Saint-Esprit.
Amen. » Tirer ensuite le clou et effacer les
caractères, non pas de la même main qu'on
les a faits, mais de l'autre, car autrement il y
aurait du danger pour le maléficiant.

Opérer le dernier vendredi du mois, le
matin, à jeun.

Pour faire souffrir une Personne

Prendre un morceau de lard gras, gros comme un œuf : Le piquer d'épingles (une trentaine environ, sans les compter) en disant les paroles connues : « Une fois vassis atatlos, etc. » : mettre dessus deux branches de rameaux bénits(*) en croix, et enfouir le tout dans un terrain non cultivé

Contre les avives et tranchées des Chevaux

Passer la main sur le ventre du cheval et dire : « Cheval (nommez le poil) appartenant à N., si tu as les avives, de quelque couleur qu'elles soient, ou tranchées rouges ou tranchesons, ou de trente-six sortes d'autres maux en cas qu'ils y soient, Dieu te guérisse et le bienheureux saint Éloy : Au nom du Père, et du Fils et du Saint-Esprit. Dites ensuite cinq *pater* et cinq *ave*, à genoux, et faites avaler au cheval une poignée de sel gris dissoute dans un litre d'eau tiède consacrée.(**)

Pour guérir un Cancer ou autre mal

ACCESSIBLE AUX YEUX ET AUX DOIGTS

Avec le maître doigt (le plus long), faire trois fois le tour du mal en suivant le cours du soleil, disant à chaque fois : « Mauvais mal (nommer son nom), l'on dit que vous avez autant de racines ici que Dieu a d'amis dans le

(*) Voir la 3e partie des Sortilèges de la Science.

(**) Se reporter au rituel, 3e partie des Sortilèges de la Science.

ciel. » Faire cette opération trois jours de suite, avant le lever du soleil. En tournant le doigt, ne pas le soulever de dessus la peau.

CONTRE LA BRULURE

« Saint Lazare et Notre-Seigneur Jésus-Christ s'en vont dans une ville sainte. Saint Lazare dit à Notre-Seigneur : J'entends là-haut un grand bruit. Notre-Seigneur lui dit : C'est un en enfant qui brûle, vas-y, et tu le guériras de ton souffle. » On prononce trois fois ces paroles sur les brûlures, envoyant, à chaque fois, une respiration contre, puis on y applique une compresse bien imbibée d'huile d'olive.

POUR FAIRE RENDRE LES OBJETS VOLÉS

Faire brûler une bonne poignée de rue et une autre de savate, et dire le « crois en Dieu » trois fois, en faisant le signe de la croix avant et après.

POUR VOIR, LA NUIT, DANS UNE VISION
CE QUE VOUS DÉSIREZ SAVOIR DU PASSÉ
OU DE L'AVENIR

Le soir, avant de vous coucher, reproduisez la fig ci-après. sur du parchemin vierge. Les deux N. N. indiquent l'endroit où vous devez mettre vos noms, ainsi que ce que vous désirez savoir.

La place libre entre les deux cercles est des-

4

tinée à recevoir le nom des anges que vous désirez invoquer. Cela fait, récitez trois fois

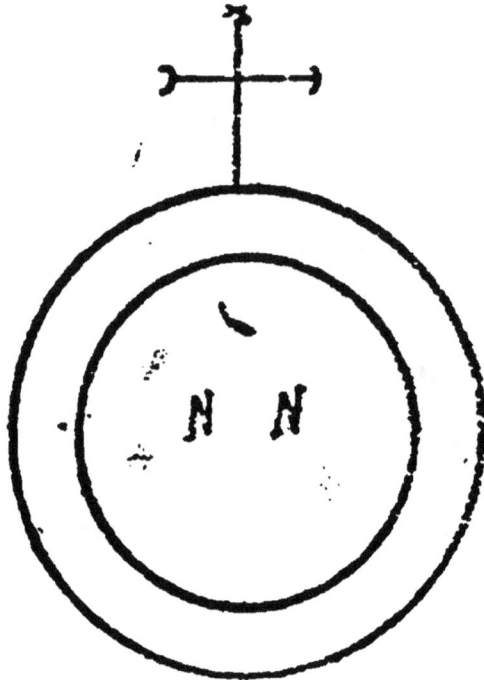

l'Oraison suivante et couchez-vous du côté droit, l'oreille sur le parchemin.

ORAISON

O glorieux nom du grand Dieu vivant auquel, de tout temps, toutes choses sont présentes, moi qui suis votre serviteur N... (nommez-vous), Père Eternel, je vous supplie de m'envoyer vos anges, qui sont écrits dans le cercle et qu'ils me montrent ce que je suis curieux de savoir et apprendre, par J.-C. N.-S. Ainsi soit-il.

Pour arrêter un Serpent

Jetez après lui un morceau de papier trempé dans une dissolution d'alun et sur lequel vous aurez écrit avec du sang de chevreau : « Arrête belle, voilà un gage. » Ensuite vous faites siffler devant lui une baguette d'osier ; s'il est touché de cette baguette, il mourra sur le champ, ou il fuira promptement.

Pour arrêter Chevaux et Equipages

Tracez sur du papier noir, avec de l'encre blanche, le signe de Belzébuth et ensuite jetez ce signe ainsi tracé à la tête des chevaux disant : « Cheval blanc ou noir, de quelque couleur que tu puisses être, c'est moi qui te fais faire ; je te conjure que tu n'aies non plus à tirer de tes pieds, comme tu fais de tes oreilles, non plus que Béelzébuth peut rompre sa chaîne. » Il faut pour cette expérience, un clou forgé pendant la messe de minuit, que vous jetterez devant le nez du cheval.

Pendant les trois jours avant celui où vous voudrez faire cette expérience, vous aurez soin de ne faire aucune œuvre chrétienne.

Pour se rendre Invisible

Vous volerez un chat noir et achèterez, sans marchander, un pot neuf, cuit en terre, un miroir sympathique, un briquet, du char-

bon et de l'amadou, que vous garderez
sur vous, en observant d'aller prendre
de l'eau au coup de minuit à une fontaine,
après quoi vous allumez votre feu. Mettez ensuite le chat dans le pot, celui-ci au feu,
et tenez le couvert de la main gauche, sans jamais bouger, ni regarder derrière vous, quelque bruit que vous entendiez ; et après l'avoir
fait bouillir 24 heures, vous le mettez dans un
plat neuf. Désossez, prenez la viande et
jetez-la par dessus l'épaule gauche, en disant
ces paroles : Accipe quod tibi do, et nihil am-
plius ; puis mettez les os un à un sous les
dents, du côté gauche, en vous regardant dans
le miroir et si ce n'est pas bon, vous les jetterez
de même, en disant les mêmes paroles, jusqu'à ce que vous l'ayez trouvé bon. Sitôt que
vous ne vous verrez plus dans le miroir, re-
tirez-vous à reculons, en disant : Pater, in ma-
nus tuas, commendo spiritum meum. Conser-
vez cet os, hors de la vue de tout profane :
par la suite, il vous suffira de le mettre entre
les dents pour vous rendre invisible.

POUR GAGNER AU JEU

Prenez du trèfle à quatre ou cinq
feuilles qui a été cueilli par un temps
orageux ; puis faisant dessus un signe de
croix, vous dites : Trifle ou trèfle large, je te
cueille au nom du Père, et du Fils et du Saint-
Esprit, par la virginité de la Sainte-Vierge,
par la virginité de Saint-Jean-Baptiste, par la
virginité de Saint-Jean l'Evangéliste, que tu
aies à me servir à toutes sortes de jeux. Il faut
dire ensuite cinq *Pater* et cinq *Ave*, puis on

continue : El, Agios, Ischiros, Atanathos. Vous renfermerez ce trèfle dans un sachet de soie noire que vous porterez, comme un scapulaire, chaque fois que vous jouerez. Hors de ce temps, il faut avoir soin de le serrer soigneusement.

MAGIE NATURELLE

Les traditions de tous les peuples donnent une grande quantité de recettes à employer pour concilier l amour et pour débarrasser de passions importunes ; ces résultats peuvent être obtenus sur soi-même ou sur de tierces personnes

Le grand agent des opérations magiques est la volonté. Cette volonté dispose d'un moyen d'action qui est vulgairement appelé Baphomet.

*
* *

L'intention ardente suffit pour opérer toutes sortes de merveilles.

Le nom tout puissant, en envoûtements d'amour, est *Schevah*.

Pour éveiller l'amour : Employer avec des rites appropriés l'or, l'ambre gris, la civette, la pervenche, la verveine, l'armoise, l'herbe de la Saint Jean ; les parties chaudes du lièvre, de la colombe, du moineau, du bouc, l'hippomane ; le sang et le sperme humains, etc.

Pour donner des forces pour le coït : infusion de renouée, de verveine, la jusquiame, le jus de fenouil pris dans du lait, l'encens, la myrrhe, le musc, les sommités de sarriète, le carrie, etc.

Les Arabes, pour le même but, emploient la magnétisation sur l'axe cérébro-spinal. (*) le plexus solaire (**) les organes sexuels et les poumons par le moyen d'une longue plume très fine. Ce procédé est très efficace si les époux s'aiment.

⁂

Il est d'autres pratiques plus agréables, elles nous viennent de nos pères celtes, et elles peuvent servir aux jeunes filles curieuses ; c'est pourquoi il est bon d'en répandre la pratique.

Ce que le vulgaire appelle les « secrets pour l'amour » ont deux buts bien différents.

Dans la première classe se rangent toutes les opérations ayant pour objet de faire naître l'amour ou la haine dans le cœur d'une autre personne.

Dans la seconde toutes les prévisions, qui s'accomplissent par une apparition interne ou par une externe.

Pour obtenir l'amour de quelqu'un il faut écrire sur du parchemin vierge ces mots :

« *Sator, Arepo, Tenet, Opera, Rotas, Jah, Jah, Jah, Enam Jah, Jah, Jah, Ketler, Chokmah, Binah, Tedalah, Teburah, Tiphereth, Netzah, Hod Jesod, Malkouth, Abraham, Isaac, Jacob, Shadrach, Meshach, Abednego,* venez tous pour m'aider pour tout ce que je désire. »

(*) Voir la 2ᵉ partie des Sortilèges de la Science (*Magnétisme animal*).

(**) Voir les *Correspondances planétaires dans l'Astrologie* (2ᵉ partie des Sortilèges de la Science).

Il suffit quelquefois de faire accepter un objet quelconque à la personne aimée.

Voici une formule très usitée dans le Bengale.

Si une femme veut se faire aimer davantage de son mari, qu'elle remplisse d'eau magnétisée (*) un verre, et après avoir soufflé soixante-dix fois dessus, qu'elle le fasse boire à son mari sous un prétexte quelconque.

Il faut qu'elle répète cinq fois cette opération.

CADEAUX QU'UNE FILLE DOIT FAIRE POUR CONSERVER L'AMOUR DE SON FIANCÉ

Prends trois cheveux de ta tête, roule-les en une petite boule très serrée, et arrosée de 3 gouttes de sang du doigt gauche de l'alliance. Porte cela dans ton sein, ne soufflant mot à personne, pendant 9 jours et 9 nuits ; puis renferme les cheveux dans une cavité de bague ou de broche, et présente cela à ton amant ! Durant tout le temps qu'il portera ce bijou son cœur sera pour toi et rien que pour toi.

Une longue mèche de cheveux mêlée avec des poils de chèvres et arrosée de 9 gouttes d'essence aura le même effet ; mais garde toute ta vie le secret le plus absolu sur ces opérations, si tu les as pratiquées: la moindre parole dite par toi sur ce sujet, même aux personnes de ton entourage le plus intime, détruirait immanquablement ton bonheur conjugal.

(*) Voir le *Magnétisme* (2e partie des Sortilèges de la Science).

Pour savoir si l'on est aimé d'une certaine personne

Prendre une pomme, la couper en deux avec un couteau bien aiguisé ; si l'on peut faire cela sans couper un pépin, le désir de ton cœur sera accompli. mais, si tu coupes par hasard un pépin, tu n'auras pas gagné l'amour de la personne.

Pour savoir, en général, si l'on se mariera

Choisis un vendredi. jeune fille curieuse ; de préférence un vendredi de la Lune montante. ou mieux encore quand la Lune est dans le signe du Taureau ou dans celui de la Balance.(*)

Le jour choisi, tu prendras un bain au matin, dans la rivière si tu le peux, et tu iras au jardin ensuite cueillir une petite poignée de marjolaine, une de thym et une de roses bengale. Cache-les dans ta chambrette, fais-les sécher pendant sept jours ? le vendredi suivant, réduis ces plantes en fine poussière, avec soin et sans impatience.

Tu prendras ensuite le double de farine d'orge, et tu feras un gâteau, avec le lait d'une génisse rouge, saine et jeune.

Ne cuis pas le gâteau ; mais enveloppe-le dans une feuille de papier bien nette et bien blanche ; place-le tout à la tête de ton lit ; le soir couche-toi, la tête appuyée du côté droit sur le dit gâteau.

Prends bien garde que le papier soit net.

(*) Voir l'*Astrologie* (2e partie des Sortilèges de la Science).

Si tu rêves de musique, et des fêtes, choses vénusiennes. les vœux de ton cœur seront bientôt remplis.

Pour rêver à l'homme que tu dois épouser. mets-toi à ta fenêtre la veille de la Saint-André et prends une pomme de ta fenêtre sans remercier la personne qui te l'offrira. Coupe le fruit en deux ; manges-en la moitié avant minuit et la moitié après minuit: dors ensuite; tu verras dans le sommeil ton futur mari.

Ou bien, au moment de t'aller coucher va cueillir une feuille de lierre. et place-la sans la regarder sous ton oreiller ; tu rêveras de celui que tu aimes.

Voici encore un secret très efficace. si tu sais le garder pour toi seule. Choisis le jour de ta fête. et lève-toi dans la nuit, deux heures avant le soleil ; prends bien garde que personne ne te voie et cours au jardin cueillir une branche de laurier. Reviens dans ta chambre, où tu auras préparé un réchaud avec un peu de soufre : allume le réchaud et expose ta branche de laurier à la fumigation sulfureuse en comptant de 1 à 365, qui est le nombre mystique du nom d'un ange très puissant. Enveloppe alors le laurier dans une toile blanche, avec un papier net et acheté exprès, où tu auras écrit avec une plume neuve ton nom et celui de ton amoureux ou de tes amoureux si tu en as plusieurs: ajoute le nom du jour de l'année où tu te trouves, la date, le jour de la lune (*) et le nom de la planète dominante. (*) Va ensuite enterrer le paquet dans un endroit secret. Déterre-le au bout de trois jours et de

(*) Voir l'*Astrologie* (2e partie des Sortilèges de la Science).

trois nuits, place-le sous ton oreiller, pendant trois nuits de suite, et tous tes rêves se rapporteront à l'époux auquel le Ciel t'a destinée.

Voici encore un autre secret.

A partir de la Saint-Jean, va les trois jours suivants examiner, une fois par jour, les roses de ton jardin, et choisis-en une bien rouge et qui te semblera devoir s'épanouir le troisième jour ; mais ne la touche qu'avec tes yeux seulement. Le matin du quatrième jour, lève-toi avec le soleil, en prenant garde à ce que personne ne te voie, va couper cette rose, et porte-la dans ta chambre. Là, tu auras préparé comme pour le secret précédent, un réchaud et un peu de soufre. Expose la fleur à la fumée sulfureuse jusqu'à ce qu'elle ait complètement changé de couleur ; place-la alors sur une feuille de papier où seront inscrits ton nom, le nom de ton meilleur ami, la date du jour, du mois, de l'année, de la lune, le nom du signe zodiacal et de la planète en domination. Fais-en un pli cacheté de trois cachets ; enterre au pied d'un arbre auquel tu cueilleras une fleur que tu porteras sur toi pendant neuf jours. Au neuvième jour, déterre ton vol, à minuit, toujours sans que l'on te voie, va de suite au lit, couche-toi la tête sur ton talisman. Tu auras un rêve très significatif. La fleur peut te servir pendant trois nuits.

Voici un autre rite plus facile. Choisis le soir de la première pleine Lune de l'Année : travaille beaucoup toute la journée et fatigue-toi un peu plus que de coutume. Après le repas du soir va te laver les mains, la bouche, les yeux, et mouille-toi de quelques gouttes d'eau les cheveux derrière la tête. Sors, va vers un endroit écarté. la barrière d'un champ par exemple, appuie-toi sur le bâton qui ferme cette barrière, et fixe la lune en disant trois fois lentement :

> Salut ! salut ! à toi !
> Cette nuit, ô Lune, dis-moi
> Celui qui m'épousera.

Salue alors la Lune très bas ; et reviens en silence te coucher. Si ton cœur est ferme, tes rêves seront certainement de ton futur mari.

Tu peux aussi intéresser saint Pierre à ton affaire. Pour cela, choisis la nuit qui précède la veille de sa fête, neuf clefs. Il vaut mieux que tu te les procures sans les emprunter à cause du secret qu'il faut tenir sur ces choses. Prends de tes cheveux, fais-en une petite natte à trois mèches, et attaches-en les extrémités ensemble en y faisant neuf nœuds, après les avoir passés dans les têtes des neuf clés. Lie le tout ensemble à ton poignet gauche au moyen de la jarretière de ta jambe gauche ; serre l'autre jarretière autour de ton front, et immédiatement avant de te mettre au lit, fais avec ferveur l'invocation suivante :

« † Saint Pierre, ne vous courroucez pas. Pour essayer votre faveur, j'ai agi de la sorte. Vous êtes le seigneur des clés ; exaucez-moi, je vous prie ; donnez moi la preuve de votre pouvoir ; et faites moi voir mon amant et mon futur époux. Amen. † »

Voici maintenant quelques augures qui te feront connaître ton sort conjugal.

A la Saint-Sylvestre, prends ton soulier gauche et lance-le dans les branches d'un charme. Si le soulier reste accroché, tu te marieras dans l'année. Mais si après l'avoir jeté neuf fois, il retombe toujours, plusieurs années se passeront avant que l'on ne te conduise à l'autel.

Autre secret : Prends deux morceaux de ruban, de même qualité, de même couleur, qui sera gorge de pigeon. et de même longueur qui sera celle de ton tour de taille pris sur la peau. Tu les plieras en deux pour en connaître le milieu ; et tu les attacheras ensemble par le milieu avec un morceau de soie de même couleur. A ce morceau de soie. attache une alliance que tu auras empruntée à une amie; tu auras aussi suspendu au mur, en dehors de la fenêtre. l'épingle de cravate de ton amoureux, que tu lui auras demandée sans qu'il sache pour quelle fin. Tu attacheras tes rubans par le nœud de soie à ladite épingle ; et tu en fixeras les quatre bouts au mur, avec des épingles, de telle sorte qu'ils forment une croix droite. Le mur doit être exposé au soleil : et les rubans ne doivent être ni regardés. ni touchés pendant l'espace de trois heures. Si, au bout de ce temps, ils ont changé de couleur tu n'épouseras pas l'amoureux du moment. S'ils ont conservé leur couleur, tu te marieras bientôt et tu seras très heureuse

Voici comment un jeu de cartes ordinaires peut révéler à toi et à quelques-unes de tes compagnes, votre avenir conjugal. — Invite deux, quatre ou six de tes amies : jette un jeu de piquet dans un sac de toile : secoue-les et passe à tes compagnes pour que chacune mêle les cartes sans les toucher. le jour du Mariage de la Vierge ; observe bien l'ordre dans lequel toi et tes amies auront secoué le sac ; dans l'ordre inverse, que chacune tire une carte sans regarder. Celle qui tirera la plus haute carte, se mariera la première, qu'elle soit jeune vieille, ou veuve ; celle qui a la plus basse carte, se mariera la dernière.

Veux-tu savoir quel âge aura ton futur maître : prends neuf graines de la pomme épineuse, que les savants appellent datura stramonium, neuf pincées de terre fraîchement labourée, en neuf endroits d'un champ, et de l'eau puisée en neuf sources ou réservoirs. — Fais un gâteau du tout, et pose-le sur le sol, à la croisée de quatre chemins, au lever du soleil le jour de Pâques ou à la Saint-Michel. Cache-toi aux environs et observe la première personne qui posera le pied sur le gâteau : si c'est une femme ton mari sera veuf ou vieux ; si c'est un homme, ton mari sera jeune.

Les filles de pêcheurs font la cérémonie suivante pour interroger leur destin à ce sujet. Elles vont la veille du jour de l'an, ou de la Saint-Georges à la croisée de quatre routes, à minuit, portant une petite bouteille d'eau-de-vie et un poisson frit. Là, elles s'assoient par terre plaçant la bouteille et le poisson devant elles, et elles attendent immobiles et silencieuses.

La forme de leur mari s'élève alors tout doucement : s'il prend le poisson, le mariage sera heureux ; s'il prend l'eau-de-vie, le mariage sera malheureux.

Veux-tu connaître la condition de ton futur : Choisis la nuit du samedi au dimanche qui est le plus proche de la Saint-Léon ; prends une noisette, une noix et une muscade ; réduis-les en poudre : mélange intimement et fais-en neuf petites pilules agglutinées avec le beurre fait avec du lait trait de tes propres mains. Mange ces neuf pilules en te mettant au lit ; tes rêves te révèleront la condition de la personne que le sort te destine. Si tu rêves de richesses, tu épouseras un noble ou un homme aisé ; si tu rêves de toile blanche, ton amant sera un prêtre ; si tu rêves de la nuit, ce sera un avocat, si ce doit être un commerçant, tu entendras du tumulte ; si un soldat ou un marin, tu rêveras de tonnerre et d'éclairs : si un domestique, de la pluie.

Voici d'autres signes appartenant à la science que les anciens appelaient ornithomancie.

Si, en te promenant, tu aperçois une pie seule, c'est mauvais signe, surtout si elle vole devant toi et vers ta gauche. Si elle vient ensuite à voler du côté de ta dextre, c'est bon signe. Si tu aperçois deux pies, il te sera fait une proposition avantageuse de mariage ou un héritage. Si les pies volent devant toi, du côté droit, cela veut dire que ton mariage ou celui d'un proche aura lieu très vite.

Les billets galants que t'envoie ton amoureux peuvent te servir, à son insu pour éprouver sa valeur. Il te suffit pour cela, lorsque tu as reçu de lui une lettre où il exprime nettement son affection pour toi, de placer cette lettre grande ouverte sur la table, et de la regarder en comptant tout bas, lentement jusqu'à soixante-et-douze. Puis tu la plieras en trois dans le sens de la largeur, puis en trois dans le sens de la hauteur. Epingle donc ce billet ainsi plié, sous ton corsage du côté du cœur ; et laisse l'y jusqu'au soir où, en te couchant, tu le poseras sous ta tête. — Si tu pleures, ou que ton amoureux te salue, méfie-toi ; c'est un fourbe ; si tu rêves de pierres précieuses, il est au contraire fidèle et tiendra des promesses. Si les rêves sont de toiles blanches, tu seras veuve.

Voici une remarque curieuse : Lève-toi avec le soleil, le 14 février, jour de la saint Valentin, et fleuris-toi de suite d'une touffe de crocus jaunes. Le premier qui entrera dans la maison sera ton futur mari ou tout au moins, portera le même nom que lui.

Ou encore, cueille le matin du même jour, cinq feuilles de laurier ; épingles-en une à chaque coin de ton oreiller, et la dernière au milieu. Avant de t'endormir, répète sept fois la prière suivante : « ô grand saint Valentin, protecteur des amoureux, fais que je puisse voir tout à l'heure celui qui sera pour moi un ami fidèle et plein de tendresse. » Tu verras en rêve ton ami.

Tu peux découvrir, pour toi-même ou pour une amie, les premières lettres du nom de famille ou du prénom du mari futur. Pour cela, tu prendras une petite Bible, et tu l'ouvriras au chapitre VII versets 6 et 7 du *Cantique des Cantiques* ; tu prendras la clé de ta porte et la mettras dans cette page à la hauteur du verset. Tu fermeras le livre avec la clé dedans et attacheras le tout solidement avec ta jarretière gauche. Puis si tu es seule, tu soutiendras en l'air le livre en le suspendant en équilibre comme sur un pivot, par le bout du petit doigt de la main gauche. Si tu es avec une amie, vous vous arrangerez pour soutenir la clé en même temps. Le livre bien en place et immobile, tu liras à haute voix les deux versets et tu commenceras à épeler tout haut et lentement les lettres de l'alphabet. La Bible se balancera dès que tu auras prononcé la lettre qui commence le nom du futur

Jeune fille ou jeune garçon, qui avez un amour au cœur, si vous trouvez par terre un morceau d'étoffe rouge, surtout si c'est de la laine, ramassez-le diligemment, en faisant un souhait pour la prospérité de votre amour, ou pour en trouver un, et portez-le sur vous comme amulette.

Votre souhait sera aussi efficace, si vous-même n'ayant point une affection, faites le souhait pour telle ou telle personne.

Si un jeune homme peut se procurer le soulier de celle qu'il aime, et qu'il le porte constamment sur son cœur, ou s'il le suspend dans une couronne de feuilles de rue, à la tête de son lit, il peut être assuré du prompt succès de son amour.

Voici une pratique venue des druidesses : elle sert pour obtenir l'apparition de l'époux futur de trois jeunes filles. — Tresse avec deux de tes amies vierges comme toi, une guirlande longue d'un peu plus de trois pieds, avec du genièvre et du gui à baies blanches. Le gui de chêne est préférable. Ceci doit être fait un mercredi ou un vendredi plutôt aux environs de Noël. Attachez à chaque entrelac de votre guirlande un gland de chêne ; arrangez-vous de façon à ce que vous soyez seule un peu avant minuit : fermez à clé la porte, suspendez la clé au-dessus de la cheminée, ayez un bon feu, et ouvrez une fenêtre. Gardez toutes trois le silence ; puis vous serez muni d'une latte de bois blanc de deux pieds et demi : Vous enroulerez autour de cette latte votre guirlande en vous occupant toutes les trois ensemble à cette besogne ; Vous la poserez sur le brasier, puis vous reculant en silence mettez le genou gauche en terre, tenant chacune votre livre de messe ouvert à l'office du mariage. A la minute ou le dernier gland sera consumé, chacune verra son propre époux. dont la forme restera invisible pour les deux autres. Si l'une de vous aperçoit un cercueil ou une forme analogue, traversant lentement la chambre. cela veut dire qu'elle ne se mariera pas. – Allez ensuite vous coucher, vous aurez toutes des révélations remarquables en songe.

Voici un autre secret pour évoquer dans le futur l'image de ton mari ; seulement je te préviens qu'il est parfois dangereux, surtout si tu ne suis pas à la lettre les prescriptions indiquées.

La nuit de vendredi qui précède le dimanche de Quasimodo, pars seule et en secret pour un carrefour à quatre chemins dans la campagne. Arrivée là, défais ta chevelure. et rejette tes cheveux en arrière. comme les portaient autrefois les prophétesses de Celtide. Tu auras pris à la maison une aiguille qui n'aura jamais servi, et te piquant le petit doigt de la main gauche, tu laisseras tomber trois gouttes de sang sur le sol, en répétant à chaque fois ; « Je donne mon sang à celui que j'aime, que je vais voir et qui sera à moi. » Alors, la forme de ton mari futur s'élèvera doucement du sang, pour s'évanouir aussitôt qu'elle sera formée. — Ramasse soigneusement la boue que ton sang aura faite en se mêlant à la terre ; puis te tournant vers l'est, le nord, l'ouest et le midi, jettes-en à chaque fois, le quart par dessus ton épaule gauche, en disant : « Esprits, retournez dans vos domaines, au nom du Père Tout Puissant, » Puis, tu feras une neuvaine à l'autel de la Vierge en l'honneur des esprits élémentaires (*). Si tu oublies une de ces prescriptions, il t'arrivera une catastrophe peut-être mortelle dans l'année.

Il y a encore un autre secret pour obtenir le même renseignement. Il faut pour le mener à bien être un nombre impair de jeunes vierges ; elles doivent confectionner un gâteau avec de la fleur de farine, une pomme, neuf graines de stramoine, de l'ache, de la verveine, et du lait d'une vache qui n'ait encore vêlé qu'une fois. Elles doivent cuire le dit gâteau un vendredi soir qui soit le 13me jour d'une lunaison ; puis entre onze heures et minuit, tracer sur le gâteau chacune avec une de ses épingles à cheveux autant de divisions qu'elles sont de consultantes : que chacune inscrive sur la partie du gâteau qui lui est réservée les trois premières lettres de son nom ; puis qu'elles laissent

(*) Se reporter à la 2e partie des Sortilèges de la Science (Ch. de la *Kabbale*).

le gâteau devant le feu, et qu'elles retournent s'asseoir en silence le long des murs de la chambre en regardant le gâteau, après l'avoir tourné trois fois, chacune dans ses mains. Au douzième coup de minuit, elles verront la forme d'un homme traverser la chambre et mettre la main sur le gâteau. La portion du gâteau à laquelle le fantôme aura touché, indiquera le nom de celle qui se mariera la première.

Les gens du peuple connaissent beaucoup de recettes pour punir un amoureux volage, pour nouer l'aiguillette de diverses façons, pour forcer l'amour de quelqu'un. Je ne veux point donner d'indications là-dessus ; l'ingéniosité des méchants est assez grande ; et il est mieux de pardonner une offense que de chercher à rendre le mal pour le mal.

D'ailleurs la bougie, le cierge, le cœur de veau et les épingles, les fleurs et les racines de marguerites, le poil de ventre d'une chèvre, les cheveux, etc., sont des procédés assez connus.

En conversant avec la jeune fille dont vous désirez obtenir l'affection, feignez de vouloir faire son horoscope afin de deviner, par exemple, si elle sera bientôt mariée. Tâchez, dans cet entretien, qui doit avoir lieu sans témoin, qu'elle vous regarde en face, et, quand vos regards seront unis, dites résolument : « Kaphe, Kasita, non Kapheta et publica filii omnibus suis. » Ne vous étonnez point de ce langage énigmatique dont vous ignorez le sens occulte ; et si vous l'avez prononcé avec foi, vous serez prochainement aimé.

⁂

Tirez de votre sang un vendredi du printemps, mettez-le sécher dans un potit pot, avec les deux couillons d'un lièvre et le foie d'une colombe ; réduisez le tout en poudre fine, et faites-en avaler à la personne sur qui vous aurez quelque dessein, environ la quantité d'un demi gramme ; et si l'effet ne se fait pas à la première fois, réitérez jusqu'à trois fois, et vous serez aimé.

⁂

Si vous pouvez coller au dossier du lit d'une femme ou d'une fille, le plus près possible de l'endroit où repose sa tête, un morceau de parchemin vierge sur lequel vous aurez écrit: « Michaël, Gabriel, Raphaël, faites que (mettre ici le nom de la personne) conçoive pour moi un amour égal au mien », cette personne ne pourra s'endormir sans penser à vous, et bientôt l'amour naîtra dans son cœur.

⁂

Pour que la personne dont vous possédez l'amour vous soit fidèle, prenez une mèche de ses cheveux, brûlez-la et répandez-en la cendre sur le bois de son lit après l'avoir frotté de miel. Elle ne rêvera que de vous. Il est facile de renouveler de temps en temps cette opération pour entretenir la constance en amour.

Voulez-vous que vos billets ou vos lettres obtiennent le succès qui comblerait vos vœux? Prenez une feuille de parchemin vierge et couvrez-la, sur deux côtés, de l'invocation ci-après : « Adama, Evah », comme le créateur tout puissant vous unit, dans le paradis terrestre, d'un lien saint, mutuel et indissoluble, ainsi le cœur de ceux à qui j'écrirai me soit favorable et ne me puisse rien refuser : Ely + Ely + Ely. » Il faut brûler cette feuille de parchemin et recueillir avec soin toute la cendre : puis ayez de l'encre qui n'ai jamais servi ; versez-là dans un petit pot de terre neuf ; mêlez-y cette cendre avec sept gouttes de lait d'une femme qui allaite son premier-né et ajoutez-y une pincée d'aimant réduit en poudre. Servez-vous ensuite d'une plume neuve que vous taillerez avec un canif neuf. Toute personne à laquelle vous écrirez avec l'encre ainsi préparée sera disposée, en lisant votre lettre, à vous accorder tout ce qui sera en son pouvoir.

⁎

Prenez cinq de vos cheveux, unissez-les à trois de la personne que vous aimez et jetez-les dans le feu en disant : « Ure, igne Sancti Spiritus, renes nestros et cor nostrum, Domine. Amen », vous réussirez dans votre amour.

La veille de la Saint-Jean, avant le lever du soleil, allez cueillir la plante nommée *Œnula compana*. Portez-la dans un linge fin, sur votre cœur, pendant neuf jours ; ensuite mettez cette plante en poudre, et répandez-en sur un bouquet ou sur les aliments de la personne dont vous souhaitez l'amour, et bientôt vos vœux seront comblés.

⁂

Versez de l'huile de lys blanc dans une coupe de cristal, récitez sur cette coupe le psaume 137°, que vous terminerez en prononçant le nom de l'ange *Anaël* et celui de la personne que vous aimez. Ecrivez ensuite le nom de l'ange sur un fragment de cyprès que vous plongerez dans l'huile ; puis de cette huile vous oindrez légèrement vos sourcils et vous lierez à votre bras droit le morceau de cyprès.

Cherchez ensuite le moment favorable pour toucher la main droite de la personne dont vous désirez l'amour, et cet amour naîtra dans son cœur. L'opération sera plus puissante, si vous la faites au lever du soleil, le vendredi qui suit la nouvelle lune.

⁂

Ayez une bague d'or garnie d'un petit diamant qui n'ait point été portée depuis qu'elle est sortie des mains de l'ouvrier, enveloppez-la d'un petit morceau d'étoffe de soie, et la portez durant 9 jours et 9 nuits, entre chemise et chair, à l'apposition de votre cœur. Le neuvième jour avant soleil levé, vous graverez avec un poinçon neuf en dedans de la bague ce mot : *Scheva*, puis tâcherez par quelque moyen d'avoir trois cheveux de la personne dont vous voulez être aimé et vous les accouplerez avec trois des vôtres en disant : O corps, puisses-tu m'aimer, et que ton dessein réussisse aussi ardemment que le mien par la vertu efficace de *Scheva*. Il faudra nouer ces cheveux en lacs d'amour, en sorte que la bague soit à peu près enlacée dans le milieu du lac, et l'ayant enveloppée dans l'étoffe de soie, vous la porterez derechef sur votre cœur encore six jours, et le septième jour vous dégagerez la bague du lac d'amour et ferez en sorte de la faire recevoir à la personne aimée. Toute cette opération doit se faire avant le soleil levé et à jeûn.

POUR L'AMOUR

1er vendredi de la lune.

Achetez sans marchander ruban rouge de 1/2 aune au nom de la personne aimée.

Faites un nœud en lacs d'amour et ne le serrez pas, mais dites *Pater* jusqu'à *in tentationem*, remplacez *seb libera nos a malo* par *ludea-ludei-ludeo*, et serrez en même temps le nœud.

Augmenter d'un *Pater* chaque jour jusqu'à 9, faisant chaque fois un nœud.

Mettre le ruban au bras gauche contre la chair. Toucher la personne.

Bouc. Prenez de la fiente de bouc avec de la farine de froment, faites sécher le tout ensemble, ensuite pilez-le et mettez-le chauffer avec de l'huile seulement : après cela frottez-vous-en tout autour du prépuce au moment du coït, il est sûr que votre femme n'aimera que vous.

La même chose arrive en se servant seulement de suif de bouc.

COMMENT ON PEUT RÊVER A LA PERSONNE

QUE L'ON DOIT ÉPOUSER

Un homme veut-il voir en songe l'image de la femme qu'il doit épouser? Il faut avoir du corail pulvérisé, de la poudre d'aimant, du sang de pigeon blanc et en faire un morceau de pâte qu'on enfermera dans une large figue, après l'avoir enveloppé dans un carré de soie bleue. Se le mettre au cou et placer sous son chevet une branche de myrthe, puis dire cette oraison : « Kyrie clementissime, qui Abraham servo tuo dedistis uxorem et filio ejus obedientissimo per admirabile signum indicâsti Rebeccam uxorem, indica mihi servo tuo quam nupturus sim uxorem, per mysterium tuorum Spirituum Baalibeth, Assaïbi, Abumostith. men. Amen »

Il faut le matin se remettre en l'esprit l'image que l'on aura vue en songe. Si l'on a rien vu, il faut répéter l'expérience magique trois vendredis de suite : et si, après cette troisième opération, nulle vision ne se produit, on peut augurer qu'il n'y aura point mariage.

Si c'est une fille qui désire voir en songe l'homme qu'elle épousera, elle doit prendre une petite branche de peuplier, la lier avec ses bras d'un ruban de fil blanc et serrer le tout sous son chevet. Puis elle se frottera les tempes avec du sang de huppe avant de se mettre au lit et récitera l'oraison précédente.

POUR FAIRE VENIR UNE FILLE VOUS TROUVER
SI SAGE QU'ELLE SOIT

Expérience d'une force merveilleuse des intelligences supérieures

Il faut remarquer, au croissant ou au décours de la lune, une étoile entre onze heures et minuit ; mais avant de commencer, faites ce qui suit : Prenez du parchemin vierge et écrivez dessus le nom de celle que vous voulez faire venir. Il faudra que le parchemin soit taillé de la forme d'un O ouvert surmonté d'une croix. Mettre au milieu de l'O le nom de la personne. — De l'autre côté vous écrivez les deux mots suivants : Machidael, Barofchas, puis vous mettez votre parchemin par terre, le nom de la personne contre terre, le pied droit dessus et le genou gauche à terre. Lors regardant la brillante étoile et tenant de la main droite une chandelle de cire blanche qui puisse durer une heure, vous direz la conjuration suivante :

CONJURATION

Je vous salue et conjure, ô belle lune et belle étoile, brillante lumière que je tiens à la main, par l'air que je respire, par l'air qui est en moi et par la terre que je touche. Je vous conjure, par tous les noms des Esprits, princes qui président en vous, par le nom ineffable ou qui a tout créé, par toi bel ange Gabriel avec le prince Mercure, Michæl et Melchidæl. Je vous conjure de rechef, par tous les divins noms de Dieu, que vous envoyiez obséder, tourmenter, travailler le corps, l'esprit, l'âme et les cinq sens de nature de N, dont le nom est écrit ci-dessous, de sorte qu'elle vienne vers moi (*nommez-vous*), et qu'elle accomplisse ma volonté et qu'elle n'ait d'amitié pour personne du monde, spécialement pour N, tant qu'elle aura d'indifférence pour moi : qu'elle ne puisse durer, qu'elle soit obsédée, souffre et tourmentée. Allez donc promptement, Melchidæl, Bareschas, Zazel, Tiriel, Malcha et tous ceux qui sont vous ; je vous conjure, par le grand Dieu vivant, de l'envoyer promptement pour accomplir ma volonté. Moi, N, je promets de vous satisfaire.

Après avoir prononcé trois fois cette conjuration, mettez la bougie sur le parchemin et laissez-la brûler ; le lendemain, prenez le dit parchemin et mettez-le dans votre soulier gauche où vous le laisserez jusqu'à ce que la personne, pour laquelle vous avez opéré, soit venue vous trouver.

Il faut spécifier, dans la conjuration, le jour que vous souhaitez qu'elle vienne et elle n'y manquera pas.

POUR EMPÊCHER LA COPULATION

Pour cette expérience, il faut avoir un crayon neuf, puis, par un samedi, à l'heure précise du lever de la lune, vous tracerez sur du parchemin vierge que vous collerez derrière la porte où couchent les personnes, les caractères de la figure ci-dessous, ainsi que les mots : *Consummatum est*, et vous romperez la pointe du crayon dans la porte.

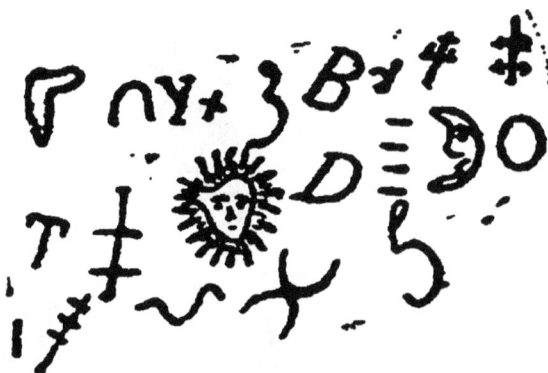

Nos anciens assurent que l'oiseau que l'on appelle pivert est un souverain remède contre le sortilège de l'aiguillette nouée. si on le le mange rôti à jeûn avec du sel bénit... Si on respire la fumée de la dent brûlée, d'un homme mort depuis peu, on sera pareillement délivré du charme...

Le même effet arrive si on met du vif-argent dans un chalumeau de paille d'avoine ou de paille de froment, et que l'on mette ce chalumeau de paille de froment ou d'avoine sous le chevet du lit où couche celui qui est atteint de ce maléfice... Si l'homme et la femme sont affligés de ce charme, il faut, pour en être guéris, que l'homme pisse à travers l'anneau nuptial que la femme tiendra pendant qu'il pissera.

Pour réconcilier des Personnes séparées par des Questions d'Intérêt.

La personne qui veut ramener la concorde entre des personnes alliées ou amies, momentanément divisées, fait trois fois le tour du village dans le sens des aiguilles d'une montre, en portant un vase de grès contenant de l'eau et du beurre fondu ; il renverse le tout sur la place et fait manger le beurre aux personnes qu'il veut réconcilier, en même temps que des portions grillées provenant d'une génisse de trois ans. La même cérémonie est répétée pour les divers aliments et boissons de ces personnes, pendant trois jours consécutifs, avec un grand désir de ramener la concorde.

Pour enlever aux Vaches leur Lait.

On prend quatre brins de paille de froment de l'année, qu'on a fait bénir le jour des Morts (en se cachant, en profitant d'une bénédiction donnée par un prêtre pour quelque autre motif). On se rend, à minuit, devant la porte du cimetière, pendant la lune décroissante ; on évoque l'âme d'une personne morte sans confession, en l'adjurant de venir en aide, et d'accompagner le maléficiant jusqu'à l'étable où se trouvent les vaches qu'on veut atteindre. On place sur le seuil deux des brins mis en croix : on garde les deux autres, et le lendemain, à l'heure de Saturne (*) ou de Mars (*), on les mêle à la nourriture des

(*) Voir l'*Horloge magique* dans la 2e partie des Sortilèges de la Science (Ch. de l'*Astrologie*).

bêtes qu'on veut priver de leur lait. Dans la huitaine le maléfice opère sûrement.

Pour rendre leur Lait aux Vaches

Au soir de la Nouvelle Lune, à la tombée de la nuit, vous faites une pâtée composée de son, de maïs et d'orge ; vous prononcez par cinq fois l'exorcisme de l'eau (*), en laissant tomber chaque fois sur cette pâtée quelques gouttes d'eau consacrée (*). Puis vous gardez une poignée de cette pâtée, et vous faites manger le reste aux vaches. Après quoi, vous attachez les vaches au moyen d'une corde passée à la corne gauche et vous leur faites faire trois fois le tour de leur étable, en tournant en sens inverse des aiguilles d'une montre et en récitant la conjuration des quatre. Quand vous avez terminé, vous voyez arriver là personne qui avait jeté le sort aux vaches et qui n'a pu s'empêcher de venir, car elle y a été poussée par une force irrésistible. Vous lui jetez alors à la figure la poignée de pâtée que vous avez conservée Elle tombera à genoux et vous lui ordonnerez d'enlever le maléfice qu'elle avait jeté à vos vaches ; elle sera forcée de vous obéir, car autrement elle resterait indéfiniment dans cette position sans pouvoir se relever.

—

Amulette Hindoue.

On fait un excellent Talisman en enfermant dans un petit sac fait avec la peau d'un

(*) Voir le rituel dans la 3e partie des Sortilèges de la Science.

chevreau mort-né ; une pincée de terre prise dans une fourmilière et une autre prise dans les racines d'une motte de gazon, une touffe de poils d'éléphant et un fragment de défense d'éléphant adulte.

———

Moyen de Divination dans un Cas

embarrassant.

On met chauffer du riz consacré dans un vase également consacré (*) ; on récite l'oraison magique du jour (**). Quand on a terminé, on ferme les yeux en les tournant vers le soleil et l'on prononce l'une de ces deux phrases : « Il est cuit » ou bien : « Il n'est pas cuit ». On se rend compte ensuite de la cuisson du riz ; si l'on est tombé exactement, la solution sera conforme à ce que l'on désire.

Autre moyen.

Au jour et à l'heure du Soleil (***) on prend une poignée de tiges de blé dans un champ en disant pair ou impair. Si l'on a deviné juste, ce que l'on souhaite arrivera.

Autres moyens.

Par pair ou impair, en formant un tas de 21 petits cailloux et en prenant une poignée dans la main gauche.

En posant une canne en équilibre sur sa

(*) Voir le rituel dans la 3e partie des Sortilèges de la Science.

(**) Demander les grimoires détaillés au professeur Legran.

(***) Voir la 2e partie des Sortilèges de la Science (Ch. de l'Astrologie).

tête et en essayant de deviner si elle tombera
à droite ou à gauche.

Du Choix d'un Époux.

Dans un endroit découvert, on étend une
nappe blanche dont les quatre coins sont diri-
gés vers les quatre points cardinaux. La jeune
fille qui veut se marier place à chaque angle
une poignée de grains consacrés (*), puis elle
récite l'exorcisme de l'air (**).

Alors, des oiseaux viennent manger le
grain ; elle observe le point d'où vient le
premier oiseau : c'est de ce côté-là que vien-
dra le mari qu'elle doit choisir.

Du Choix d'une Épouse.

On prend trois mottes de terre semblab'es
et provenant : la 1re d'une fourmilière, la 2e,
d'un carrefour, la 3e, d'un cimetière.

On récite l'oraison des gnomes (**) en faisant
l'imposition des mains sur ces trois mottes et
on dit à la jeune fille qu'on veut épouser
d'en choisir une

Si elle désigne la première, elle sera bonne
épouse et bonne ménagère : la deuxième,
elle sera volage ; la troisième, elle mourra
avant d'être mère.

Autre moyen.

On prend un vase d'eau consacrée par l'oraison des ondines (**), et on demande à la jeune

(*) Voir le rituel dans la 3e partie des Sortilèges de la
Science.
(**) Se reporter à la 3e partie des Sortilèges de la Science.

fille d'y plonger la main de façon à en faire sauter quelques gouttes. Si l'eau retombe du côté de l'orient, c'est signe qu'on sera heureux en ménage avec elle.

POUR RAMENER UN FIANCÉ ATTIRÉ PAR UNE AUTRE FEMME

On fait un sachet avec la peau d'une vache tuée dans une ferme où il y avait un mort, au moment où l'on procédait à la levée du corps ; dans ce sachet, on met quelques menus objets qui aient été portés par la rivale et que l'on a réduits en poussière,(autant que possible des fleurs qu'elle ait mises sur elle et toujours une mèche de ses cheveux). On cache le sac ainsi rempli sous trois pierres, devant sa porte.

Autre moyen.

Avec des cheveux de la rivale, on forme trois anneaux attachés chacun avec un fil de soie noire et on creuse un trou dans lequel on enfouit alternativement un anneau, une pierre, etc. On prononce en même temps des imprécations contre cette femme. Mais celle-ci pourrait détruire le charme si elle découvrait la cachette, en disant : « Si l'on a enfoui son bonheur sous trois pierres, je le déterre aujourd'hui et je m'en enrichis. »

POUR ÉVEILLER L'AMOUR D'UNE JEUNE FILLE QU'ON VEUT ÉPOUSER

On place sur le feu vingt-et-une branches

épineuses dont les épines seront dirigées vers l'Orient, et vingt-et-un rameaux de jujubier, attachés avec un fil rouge ; puis on chauffe devant ce feu, trois jours de suite et trois fois chaque jour, des branches de sureau enduites de beurre.

Le soir, on renverse son lit, on suspend au-dessus, avec trois cordes neuves une bouillote pleine d'eau chaude ; une fois couché sur le lit ainsi renversé, on balance la bouillotte en la poussant avec les orteils.

Dans ce rite figurent divers symboles : le feu qui représente la passion, le rouge couleur de l'amour, des végétaux consacrés à Vénus ; le lit renversé indique qu'on ne devra pas dormir sur la couche nuptiale, mais seulement y aimer et la bouillotte figure le cœur ardent de la jeune fille, qui palpitera sans cesse.

Pour que les Semailles soient heureuses

La veille du jour des semailles, on a mis dans un sac suspendu à un trépied formé par trois rameaux de jujubier liés ensemble, quelques pincées de terre de fourmilière, de terre de gazon, de sable et des graines d'arbres consacrés à Jupiter et à Mercure.

Après quoi, on a fait un bon repas et on a versé les restes dans ce sac.

Le lendemain, jour des semailles, on enfouit ce sac au centre du champ, et avant de commencer à semer on jette trois fois dans les directions des quatre points cardinaux une poignée de grains d'orge préalablement enduits de graisse de porc consacrée(*).

(*) Voir le rituel dans la *Tradition Magique* (3e partie des *Sortilèges de la Science*.)

Amulette pour donner de la Force vitale

Une amulette très efficace se compose de poils provenant des organes génitaux de sept êtres mâles : un lion, un tigre, un bouc, un bélier, un taureau, un guerrier et un roi.

Pour détourner le Cours d'un Ruisseau
qui cause du préjudice
ou dont on a besoin ailleurs

On creuse un sillon large d'un pied en récitant l'oraison des gnomes ; on suit le chemin ainsi tracé à reculons, en ayant un pied de chaque côté, et en versant de l'eau préalablement consacrée (*).

On jette deux pièces d'or dans le nouveau lit et on recouvre tout le sillon au moyen de tiges de bambou que l'on place dans le sens de la longueur et qu'on retire seulement le lendemain matin.

Pour savoir si vos Troupeaux prospèreront

Vous vous rendez en pleine campagne, au jour du soleil (**), à une heure où l'on n'entend encore aucun bruit dans les champs, vous vous tournez vers les quatre points cardinaux, en appelant trois fois de suite d'une voix très forte, l'ange de l'air correspondant à chacun d'eux (**). Si l'animal qui vous répond le premier

(*) Voir le rituel au chapitre de la tradition magique dans la 3e partie des *Sortilèges*.

(**) Voir *Astrologie Kabbalistique* (2e partie des *Sortilèges*.

n'est ni un âne ni un chien, l'année sera bonne pour vos troupeaux.

Si pendant, trois années de suite, vous avez recommencé cette pratique et que vous n'ayez jamais eu un aboiement ou un braiement comme réponse, le présage est définitivement mauvais.

Pour donner l'Intelligence a un nouveau-né

A sa naissance, le père respire trois fois sur le front, et lui met sur la langue une boulette composée de beurre, de miel et de lait consacrés.

Pour protéger un Champ contre les rats, taupes, mulots et autres animaux nuisibles

On fait trois fois le tour du champ dans le sens des aiguilles d'une montre en récitant l'oraisondes gnomes (*). et en semant de la limaille de fer et du sable fin qu'on mélange dans ses mains et qu'on laisse couler entre ses doigts.

Après quoi on prend une taupe dont on attache le museau avec des crins pris à la queue d'un cheval noir, et on l'enfouit au milieu du champ.

Il faut ensuite rester au champ pour y travailler. mais se garder de prononcer un seul mot jusqu'au coucher du soleil.

(*) Voir la *Tradition Magique* dans la 3e partie des *Sortilèges*.

Pour retrouver un Objet perdu

On fait la nuit complète dans une chambre après avoir placé au centre sur une table un pot d'eau consacrée (*). On fait venir deux petites filles, qui n'aient pas encore en leurs époques et qui ne connaissent pas la chambre. On les fait tourner deux fois sur elles-mêmes, et puis on leur dit de prendre le pot d'eau et de le porter à une autre place.

Le côté vers lequel elles le portent indique la direction dans laquelle on doit faire des recherches.

Pour rétablir la Concorde dans un Village

Un sorcier en fait trois fois le tour au jour et à l'heure de Vénus (**), de telle façon que sa main droite soit toujours tournée vers le village ; il porte sur son épaule une cruche d'eau consacrée (*), qu'après les trois tours il vide sur la place centrale.

Pour faire revenir un Chien perdu

On se rend dans un champ à midi ; on place en carré à une dizaine de pieds de distance quatre pierres plates marquant l'emplacement des quatre points cardinaux. On fait brûler sur celle qui est au nord du bois de cèdre, sur celle qui est à l'est du bois de frène, sur celle

(*) Voir la *Tradition Magique* (3e partie des *Sortilèges*.)

(**) Voir *Astrologie Kabbalistique* (2e partie).   (id.)

qui est au midi du bois de sapin, sur celle qui est à l'ouest du bois de rosier, pendant qu'on se tient au centre du carré pour réciter la conjuration des quatre. On recueille dans quatre sachets de soie consacrée (*) ces quatre cendres ; puis le soir, au lever de la lune on fait le tour de sa maison en répandant alternativement une pincée de chacune d'elles

Si on n'a pas de résultat, on recommence trois jours de suite ; le quatrième on trouve, quand on se réveille le chien devant la porte.

Contre les Médisances

Si l'on entend parler de soi en termes désobligeants ou calomnieux. on mange une galette faite avec de la farine d'orge et trempée dans du lait consacré (*). et l'on répand dans sa maison des feuilles de verveine sèche pulvérisées.

Pour faire tomber la Fièvre

On attache au pied du lit du malade une grenouille maintenue par une petite ficelle rouge et noire. On lave le malade avec de l'eau consacrée (*) en faisant en sorte que celle-ci coule sur la grenouille ; il ne reste plus qu'à chasser la bête de la chambre.

Autre moyen

On fait boire au malade du suc de riz noir

(*) Voir le rituel dans la 3e partie des *Sortilèges* (tradition magique.)

qu'on fait chauffer sur des charbons provenant de l'incendie d'une forêt ; et on fait tomber ensuite sur la tête du fiévreux ces grains concassés.

MALÉFICE POUR RENDRE CLAIRS LES ŒUFS D'UNE COUVÉE

Au jour et à l'heure de Saturne (*), on fait 5 fois le tour de la ferme où se trouve la couvée, en tournant en sens inverse des aiguilles d'une montre.

Tous les treize pas. il faut s'arrêter et jeter dans la direction du poulailler une pincée de poudre obtenue en pulvérisant une pierre d'aimant.

Quand le dernier tour sera fini, la poule couveuse trouvera le moyen de s'échapper et de venir vers le maléficiant. Celui-ci lui jettera une poignée d'avoine légèrement roussie. La poule s'en retournera devant ses œufs et se mettra à chanter le coq. On ne pourra plus les faire couver ni par cette poule, ni par d'autres, et il deviendra très difficile de réussir d'autres couvées dans la ferme pendant une durée de trois mois.

CONTRE LA MIGRAINE

Le malade devra s'allonger sur un fauteuil ou une chaise longue, de façon à avoir la tête au nord et les pieds au sud.

On lui caressera légèrement le front, depuis

(*) Voir l'*Astrologie Kabbalistique* (2ᵉ partie des *Sortilèges.*)

la ligne médiane jusqu'aux tempes, avec l'extrémité de plumes d'ibis roses.

Cet effleurement sera interrompu toutes les trois minutes, pour permettre à l'opérateur de prononcer la conjuration des quatre en se tenant successivement à la tête, aux pieds, au côté droit et au côté gauche de la personne à soulager.

Après avoir répété sept fois cette cérémonie, l'opérateur terminera en appelant trois fois à haute voix, l'ange de l'air régnant ce jour-là (*), en étant, de sa personne, tourné vers le point cardinal sur lequel il domine (*).

POUR RENDRE SES VACHES FÉCONDES

On fait trois fois le tour du troupeau, en tournant dans le sens des aiguilles d'une montre, tandis qu'on asperge les bêtes avec un rameau de sureau plongé dans de l'eau consacrée (**).

Autre Moyen

On prend du lait d'une vache qui vient de vêler (à condition que le veau soit de la même couleur qu'elle); on y met de la salive de ce veau et de la fiente de taureau ; on laisse chauffer le tout devant le feu pendant les treize premiers jours de la lune.

(*) Voir l'*Astrologie Kabbalistique* (2º partie des *Sortilèges*).

(**) Voir le rituel dans la *Tradition Magique* (3º partie des *Sortilèges*.)

Le treizième jour, on balaie l'étable en l'arrosant d'eau consacrée (*), et on fait au milieu un tas avec du fumier pris à la litière de chaque vache.

On jette alors la mixture ci-dessus aux quatre coins de l'étable, tandis qu'on se tient sur le tas de fumier élevé au centre.

Pour protéger contre les Serpents et la Vermine

On entoure d'une triple ligne l'endroit qu'on veut protéger (terre ou maison) en la traçant de gauche à droite.

On prend ce qu'on trouve dans la panse d'une vache ou d'une chèvre fraîchement tuée.

Suivant le cas on enfouit cette substance dans le terrain ou bien on la répand dans la chambre et la maison et on en jette une partie au feu.

Ensuite on enterre plusieurs plantes consacrées à Saturne (**), la tige dans le sol et les racines en l'air.

Pour s'assurer l'Amour d'une jeune Fille

La toucher, la première fois qu'on lui parle, avec une pâte composée d'onguent magique,

---

(*) Voir le rituel dans la *Tradition magique* (3ᵉ partie des *Sortilèges*).

(**) Voir l'*Astrologie Kabbalistique* (2ᵉ partie des *Sortilèges*).

du suc d'herbes de Vénus (*), de bois de réglisse et de terre de gazon, le tout broyé entre deux copeaux pris à un arbre et à une plante grimpante enlacée autour de son tronc.

Pour résister aux Artifices d'une Femme dangereuse

Quand vous craignez les tentations d'une créature qu'on sent instinctivement devoir vous être fatale, on prend une poignée de terre sur laquelle ait marché une chèvre noire, on la rapporte chez soi dans un sachet fabriqué avec la peau d'un crapaud séchée au soleil. On la garde au moins trois jours dans une chambre dont les volets restent fermés.

Ceci fait, au jour et à l'heure de Saturne (**), on plonge son pouce gauche dans cette terre et l'on se marque le front, les paupières, le menton, le dedans des mains et le dessus des pieds.

On emporte ce qui reste de terre, on va la jeter contre la porte de la maison où habite la femme, et l'on rentre chez soi sans retourner la tête.

Pour rendre le Calme a un Jaloux

On plonge un fer de hache rougie au feu dans un bol d'eau consacrée (***); après quoi on

(*) Voir dans l'*Astrologie Kabbalistique* (2° partie des *Sortilèges*), les herbes consacrées à Vénus.

(**) Voir l'*Astrologie Kabbalistique* (2° partie des *Sortilèges*.)

(***) Voir la *Tradition Magique* (3° partie des *Sortilèges*).

fait boire au jaloux l'eau ainsi échauffée.

Pour l'heureuse Délivrance d'une Femme enceinte

Dans l'Allemagne du Nord, quand une femme est sur le point d'accoucher, on ouvre toutes les portes et tous les tiroirs de la maison et l'on attache dans les cheveux de la mère une plante lunaire (*) cueillie après le coucher du soleil.

Dans les Indes, un brahmane défait tous les nœuds qui se trouvent dans la maison.

Pour se débarrasser d'un Maléfice introduit dans votre maison par un objet ensorcelé

Vous attachez à la patte gauche d'un corbeau ou d'une corneille l'objet que vous croyez cause de votre malechance et vous lâchez l'oiseau à minuit le premier jour d'une pleine lune.

Contre les Glandes qui suppurent

On fait un feu de petit bois de noisetier, qu'on allume en récitant l'exorcisme du fer (**).

On passe dans la flamme des feuilles de paracu (arbre hindou) : on extrait le suc de ces feuilles et on le recueille dans un fond de bouteille cassée ; on en prend quelques gouttes avec un morceau de bois des îles taillé en cuil-

(*) Voir l'*Astrologie Kabbalistique* (2ᵉ partie des *Sortilèges.*)

(**) En voir le texte dans la *Tradition Magique* (3ᵉ partie des *Sortilèges.*)

ler et on les répand sur la glande qui supure.

Le lendemain, on réduit en poudre des coquillages recueillis à marée basse sur une côte exposée au soleil couchant; on frotte la glande avec cette poudre et on y pose une sangsue.

Le troisième jour on frictionne la glande avec de la salive de chien et on la fait mordre par un lézard dont on a coupé la queue et qu'on relâche aussitôt après.

Pour endormir toutes les Personnes
de la maison où se trouve une jeune Fille
qu'on aime

On récite une incantation au sommeil en regardant avec insistance et ferme volonté la maison où se trouvent les parents dont la surveillance est gênante.

On l'asperge avec de l'eau consacrée(*) et on fait couler à l'intérieur un peu d'eau consacrée en l'introduisant par la rainure de la porte, et l'on frotte le bois de la porte avec le suc d'un pavot coupé au jour et à l'heure de Vénus(**).

Pour triompher d'une Rivale

Une femme qui redoute une rivale se procure du lait d'une chèvre noire ; elle l'allonge d'eau, y plonge des feuilles d'eucalyptus, dont on met une sur le lit, l'autre dessous. Les autres sont broyées dans ce lait, et la composition ainsi obtenue est répandue autour du lit.

(*) Voir le rituel dans la *Tradition Magique* (3e partie des *Sortilèges*).

(**) Voir l'*Horloge Magique* (2e partie des *Sortilèges*).

Pour assurer la fidélité
de deux amants séparés par un voyage
de quelque durée

Ils porteront tous les deux un bracelet attaché au bras gauche et formés avec les brins
d'une même plante que les Hindous appellent
« Sauvarcala », qui a une odeur très forte,
faisant pleurer, qui a des vertus aphrodisia-
ques, et dont la racine, comme celle de la
mandragore, affecte généralement une forme
humaine.

Pour réconcilier deux Adversaires

Les Hindous prescrivent à l'une des deux
personnes de bander un arc en se tenant dans
l'ombre de l'autre personne.

Un autre rite conseille à la personne qui
veut se réconcilier d'aborder l'autre en tenant
à la main une pierre qu'elle pose à terre et
sur laquelle toutes les deux crachent. Cela
figure la fondation d'une nouvelle amitié, et
c'est ce que les livres sacrés des Védas appel-
ent « enterrer la colère »

Pour arrêter le Sang des blessures

On fait infuser de la gomme laque dans de
l'eau bouillante ; on filtre cette préparation
et on le mélange de lait chaud ; le blessé doit
prendre ce breuvage aussi chaud que possible.

Dans la nuit qui suit, à l'heure où les étoi-

les commencent à pâlir, on verse de la laque
en fusion dans de l'eau.

Quand cette eau est ainsi rendue suffisamment chaude, on en imbibe un linge de toile,
qui sert à tamponner la plaie.

Quand le jour est venu on badigeonne la
blessure avec du beurre délayé dans du lait ;
et la partie de ce mélange qui n'est pas employée comme enduit est absorbée par le malade.

Pour se débarrasser d'une Obsession

Pour échapper à l'obsession d'un mauvais
esprit ou à un maléfice jeté sur vous pendant une nouvelle lune par des pratiques de
magie noire ; vous attendez le 1er jour de la
pleine lune, (à condition que la nuit soit très
claire) ; vous vous rendez au bord d'une eau
courante qui, autant que possible tourne brus-
quemment vers le sud ; vous serez vêtu de vêtements noirs. Vous monterez sur un radeau
fabriqué par vous et attaché au rivage, et
vous y allumerez du feu au moyen d'une poignée de paille prise à un toit de chaume ; sur
ce feu. vous faites cuire une crêpe saupoudrée d'un mélange de farine de maïs et de
manioc. Après quoi vous quittez le radeau que
vous démontez et dont vous enterrez les morceaux ; vous jetez à l'eau vos vêtements noirs.
pour en revêtir de neufs et chausser des sou-
liers qui soient faits avec le cuir d'un animal
tué (et non mort de maladie ou de vieillesse)
et vous revenez chez vous sans regarder derrière vous.

Pour délivrer une Maison Hantée :

On jette au feu des copeaux de cyprès, pris sur un arbre vivant, au jour et à l'heure de Saturne (*) : on fait des fumigations avec leur fumée ; on enfonce au ras du sol autour de la maison de petits piquets faits avec du bois de thuya ; on fait rougir au feu de petits cailloux pris à minuit dans le lit d'une rivière où l'on est entré pieds nus et on les répand dans les différentes chambres de la maison.

Pour retourner contre le Maléficiant un sort jeté sur un champ

Il faut asperger d'eau consacrée (**) le périmètre du champ ; marquer à l'intérieur du champ un triangle dont les côtés mesureront au moins cent pieds et dont les sommets seront marqués par des pierres blanches prises dans un cimetière, puis labourer l'intérieur de ce triangle avec une charrue attelée d'une paire de bœufs noirs.

Contre un Mal héréditaire

On attache aux bras et aux jambes du malade des tiges d'amaryllis, on le conduit dans un carrefour et on le débarrasse de ces liens qu'on met dans un sac destiné à être porté au cou et fait avec la peau d'un animal qui ne soit mort ni de maladie ni de vieillesse.

(*) Voir l'*Astrologie Kabbalistique* (2ᵉ partie des *Sortilèges.*)

(**) Voir la *Tradition Magique* (3ᵉ partie des *Sortilèges.*)

Contre la Paralysie d'une moitié du Corps

On cherche les empreintes d'un chien de grande taille ; on recueille une certaine quantité de la terre où elles sont faites et on en frotte le côté paralysé.

Puis on allume un feu avec de la braise consacrée, et quand les charbons sont bien rouges on y jette un pou de chien, les frictions étant continuées pendant cette opération.

Pour empêcher une Femme d'aller a un rendez vous

Faites brûler un lézard dans un vase de grès ; quand il est réduit en cendre placez celle-ci dans la corne d'un bouc tué pendant une nouvelle lune. Le jour où vous voudrez empêcher cette femme d'aller au rendez-vous que votre rival lui a donné, vous tracerez devant sa porte trois traits avec la cendre préparée comme il a été dit ; et elle ne pourra pas mettre le pied dehors jusqu'au lever du soleil.

Pour conjurer le Maléfice du sel ou du poivre renversé a table

C'est un mauvais présage que de renverser une salière ; pour l'annuler, il faut prendre aussitôt avec les doigts de la main droite une pincée du sel répandu et la jeter par dessus son épaule gauche.

Pour le poivre c'est avec la main gauche qu'on le jette et par dessus l'épaule droite.

Pour rendre la Vue aux Aveugles

Prenez une once d'huile consac:ée (*) : placez-la dans une œillère en porcelaine que vous aurez fait bouillir une heure auparavant pour qu'elle soit parfaitement pure et nette. Mettez au doigt du sujet une bague d'or dans laquelle sera enchassée la pierre qu'il doit porter suivant son horoscope (**). On prend l'huile avec l'anneau de la bague que l'on tient entre les doigts de Vénus et de Jupiter (***).

On a fait une friction sur les yeux avec cette huile qu'on étale doucement sur les paupières ; on remet l'anneau au doigt du sujet ; on essuie avec un linge de batiste fine consacré suivant le rituel (****). Ensuite on laisse pendant une nuit un emplâtre fait avec les jaunes d'une couvée de mésanges de la fiente d'hirondelle et les feuilles hachées des herbes indiquées par les correspondances planétaires qu'a fournies l'horoscope (*****).

Contre les Vers intestinaux

On enroule de droite à gauche autour de la tige d'un bambou mâle des poils pris à la queue d'une vache ; cela fait, on met ce roseau en pièce ; on en brûle les morceaux et on en fait respirer la fumée au malade ; enfin

(*) Voir le rituel dans la 8e partie des *Sortilèges*.)
(**) Voir l'*Astrologie* (2e partie des *Sortilèges*.)
(***) Voir la *Chiromancie* (1re partie des *Sortilèges*).
(****) Voir la 3e partie des *Sortilèges*.
(*****) Voir la 2e partie des *Sortilèges*.

on arrose lentement celui-ci, qui doit avoir le visage tourné vers le midi, avec du sable fin qu'on a broyé dans sa main gauche.

CONTRE LES MALADIES DE LA PEAU

On frictionne avec de la bousse de vache la place malade et on y étale ensuite de la teinture de coloquinte ou d'indigo.

CONTRE LES CHEVEUX GRIS

On épile la place ou poussent les cheveux gris et on lui fait subir le traitement indiqué dans la recette précédente.

CONTRE LES CRAMPES D'ESTOMAC

Pour guérir les crampes d'estomac (on) allume un feu de sarments de vigne au jour et à l'heure de Mercure (*); on prononce l'oraison des Salamandres (**); on fait chauffer devant ce feu un linge de laine rousse. Lorsqu'il est brûlant on l'applique sur l'estomac en prononçant l'oraison du jour (***).

Il faut renouveler cette opération par trois fois ; entre deux application du linge chaud on met sur l'estomac quelques gouttes d'un baume de l'Atharva Véda ; on les étale avec l'extrémité de Jupiter (****) en effleurant la poitrine dans le sens de la circulation.

(*) Voir l'*Astrologie* (2e partie des *Sortilèges*).

(**) Voir le texte dans la 3e partie des *Sortilèges*.

(***) Consulter nos *Grimoires* complets.

(****) Voir la *Chiromancie* dans la 1re partie des *Sortilèges*.

Pour garantir les Moissons de la Grêle

On se procurera la corne d'un taureau, on la remplira d'eau consacrée (*), qu'on jettera avec force vers le ciel en prononçant des imprécations contre l'orage et la grêle.

Cette pratique sera répétée trois fois par jour pendant trois jours de suite, au soleil levant, à midi et au soleil couchant. Le dernier jour, on fera le tour du champ à protéger en lui présentant le côté droit du corps et en tenant le bras droit étendu, la main ouverte la paume en dessous, les doigts allongés et écartés.

Aux quatre coins du champ on coupera avec un couteau consacré (*) une poignée d'épis, que l'on fera brûler le soir devant sa cheminée en y mettant le feu avec une poignée de paille prise sur un toit de chaume.

Contre les Hémorrhagies

On commence par toucher la partie où se produit l'écoulement sanguin avec une tige de bambou présentant cinq nœuds, et par remettre au malade, en guise d'amulettes, un tesson de bouteille ramassé dans une maison en démolition.

Ensuite, on mêle dans de l'eau consacrée (*) du lait aigre, quatre grains de millet et une poignée de sésame, débarrassés de leur enveloppe

Ensuite, on fait boire cette mixture au ma-

(*) Voir la 3e partie des *Sortilèges.*

lade dans la corne d'une vache qui soit tombée à la suite d'un faux pas.

Cette recette est applicable aux règles des femmes quand elles sont trop abondantes.

CONTRE LES MORSURES DE VIPÈRES

Le malade portera d'abord suspendu à son cou, comme amulette, un sachet fait avec la peau d'un veau mort-né, qui renfermera de la terre de fourmilière et du bois de réglisse.

Ensuite, on fait une boulette avec de la terre de gazon et des œufs de fourmis et la personne qui a été mordue la loge elle-même dans la narine droite avec le pouce droit ; après quoi, on brûle la plaie avec un tison de bois d'if qui est jeté tout rouge sur le reptile qui a mordu ou, en cas d'impossibilité sur le terrain où il a mordu.

Enfin, on place sous la plante des pieds un mélange de beurre et de suc de bourrache, et l'on frictionne le membre mordu dans le sens de la circulation, uniquement de haut en bas.

Il ne reste plus qu'à faire manger au blessé du miel piqué au bout d'une aiguille de porc-épic et à lui faire boire de l'eau consacrée (*) dans une calebasse.

POUR TRIOMPHER DE SES RIVAUX

On se procure une cordelette faite avec du chanvre récolté au jour de Vénus (**) et qu'on a

(*) Voir la 3e partie des *Sortilèges*.
(**) Voir la 2e partie des *Sortilèges*.

fait rouir pendant la pleine lune de septembre.
On la coupe en autant de morceaux qu'on se
connaît de rivaux auprès de la femme qu'on
courtise.

Quand on a ces fragments de corde, on cache chacun d'eux, un soir, à l'heure où la lune
se lève, dans une anfractuosité des murs des
maisons habitées par chacun de ces rivaux.

On va les reprendre sept jours après à la
même heure ; on les place dans un flacon que
l'on bouche avec un bouchon de liège neuf et
qu'on cachète avec de la cire bleue consacrée (*);
puis on pose ce flacon sur un petit radeau
formé de bâtons de sureau et on abandonne ce
radeau et sa charge au fil d'une eau courante.

Pour apprivoiser les Oiseaux

On fait cuire dans un vase clos la patte gauche d'un chat tricolore, du miel consacré (*),
des grains de chénevis écrasés entre deux pierres prises dans le lit d'un ruisseau.

De cette mixture on fera quatre parts qu'on
enveloppera dans des feuilles de vigne nouées
avec un crin de cheval blanc. On attachera le
premier de ces paquets à la patte d'un pigeon
qu'on lâchera à midi ; on placera le second
dans un nid d'hirondelles inhabité ; on mettra
le troisième dans un bois, à l'intérieur d'une
fourche formée par trois branches. On gardera
sur soi le quatrième ; les opérations précéden-
tes auront demandé chacune un jour ; le matin
du quatrième jour on prononcera l'oraison des

(*) Voir 3e partie des *Sortilèges*.

sylphes (*) en tenant à la main le dernier paquet, et les oiseaux arriveront de partout se poser familièrement.

MALÉFICE MORTEL DIRIGÉ
CONTRE UN ENNEMI

On le suit quand on le rencontre et on laisse tomber une pierre dans l'espace de terre couvert par son ombre, en choisissant un moment où il marche vers le sud. On atttend qu'il se soit éloigné ; on s'approche d'une trace de son pied gauche et on y dessine, avec un rameau de cyprès taillé en pointe avec un couteau consacré (*), une raie longitudinale, une raie transversale et ainsi de suite jusqu'à six. On ramasse la poussière ainsi remuée, on la dépose dans une feuille de rhubarbe : et on recommence à une autre empreinte du pied gauche jusqu'à ce qu'on en ait suffisamment.

On rentre chez soi, on allume son feu, à l'heure et au jour de Mars (**), un soir de nouvelle lune, et on y jette la poussière qu'on a récoltée. Il arrivera malheur à l'ennemi ; et si cette poussière pétille quand on la jette dans le feu, c'est l'annonce d'une maladie ou d'un accident qui seront mortels pour lui.

POUR JETER UN SORT SUR LES ALIMENTS
QU'ABSORBE VOTRE ENNEMI

On commence par se préparer à l'opération en faisant pendant douze jours un mélange

(*) Se reporter à la 2e partie des Sortilèges.
(**) Voir la 3e partie des Sortilèges.

d'eau chaude et de farine d'orge consacrée (*) : les trois premiers jours on met dans cette eau trois poignées de farine ; les trois suivants, deux poignées, et les six derniers, une poignée (de façon à arriver dans les douze jours à vingt et une poignées, nombre fatidique).

Chaque jour, on boit ce mélange d'un trait.

Le treizième jour, on fait manger un plat de riz ou de potage au riz à son ennemi d'aussi bonne heure que possible ; on a soin de le lui servir après l'avoir chargé de malédictions dans un plat où ait mangé un homme ayant très faim ; et le mieux serait qu'on pût y mêler des restes ou du jus provenant de ce qu'avait mangé cet homme en cette circonstance.

Après le repas, on jette le reste de ce riz dans un étang où il y ait beaucoup de poissons ; si ceux-ci accourent se le disputer, la réussite est complète : l'indigestion se produira sûrement et votre ennemi en mourra.

POUR APPORTER DU BONHEUR DANS UNE MAISON OÙ L'ON VIENT HABITER

Au jour et à l'heure de Jupiter (**), pendant la lune décroissante, on allume un feu avec du bois vert dépouillé de son écorce tandis qu'on prononce l'exorcisme du feu (***) et l'oraison des salamandres (***).

Quand le feu est bien pris, on y fait brûler

(*) Voir le rituel dans la 3ᵉ partie des *Sortilèges*.

(**) Voir la 2ᵉ partie des *Sortilèges* (astrologie).

(***) Voir la 3ᵉ partie des *Sortilèges*.

deux vieilles chaussures de la même paire.
On réussira tout ce qu'on entreprendra tant
qu'on sera dans cette maison.

POUR PROCURER LE SOMMEIL

On soufflera sur quatre carreaux de la chambre à coucher et on écrira sur chacun d'eux avec l'index de la main droite un des quatre noms divins :

Adonay, Eloym, Agla. Tetragrammaton.
puis ou se couchera sur le dos, les bras hors du lit, la paume des mains tournée en dehors.

MALÉFICE POUR EMPÊCHER UNE PERSONNE DE DORMIR

On passe trois nuits de suite, trois fois chaque nuit, devant sa porte en s'arrangeant de façon à ce qu'on soit en face du seuil au moment où sonne à une horloge voisine le coup de minuit et demi, celui d'une heure et celui d'une heure et demie. Le quatrième jour, en s'éclairant d'une lanterne de couleur rouge s'il n'y a pas de lune, on tracera sur sa porte avec de la craie consacrée le double triangle de Salomon(*); on sera muni de douze épingles noires et d'une épingle blanche à tête rouge. Avec

(*) Voir la 3ᵉ partie des *Sortilèges.*

ces treize épingles, on fixera treize mouches
sur le bois de la porte de la façon suivante :
une à chacun des six sommets de l'étoile ainsi
dessiné, une à chacune des six intersections
de lignes, une au centre (avec l'épingle blanche à tête rouge). La personne visée par le
maléfice ne dormira pas jusqu'à la fin de la
lune.

TABLE DES MATIÈRES